行政責任を考える

新藤宗幸

東京大学出版会

Thinking about Administrative Responsibility
Muneyuki SHINDO
University of Tokyo Press, 2019
ISBN978-4-13-033109-8

目次

はじめに――行政責任を考えるということ

1

現代では行政の「責任」が問われる事象や事件は、休みなく生じている。もっとも「行政の責任とはなにか」となると、かならずしも明確ではない。行政の責任を問う言説も、その内容は一義的でない。行政官個人の行いを問うことから行政組織の行動を問う言説まで実に多様である。国民主権のもとの行政官は、法原理としていえばシビルサーバントである。職務の遂行のために一定の権限があたえられている。その行使にあたって個人の私的利益を追求してはならない。そのようなことをした行政官は、社会的に非難されるばかりか法的に刑事責任を負わねばならない。いわゆる汚職・収賄といった行為だ。それがあってはならないのは当然だが、本書で「行政責任」という問題を考えるとき、こうした行政官個人の責、科に帰着する事象ではなく、あくまで官僚制的行政組織の集団としての活動が基本的対象である。

「行政責任」論が現代行政学の重要なテーマとされたのは、第二次大戦後のことである。第一次・第二次の総力戦を経て政府職能は飛躍的に拡大した。近代国家のように外交、国防、国内治安の維持に政府職能が限定されていた時代は遠くに去り、政府は経済・財政、軍事と科学技術、教育・研究、社会保障・社会福祉などに職能を拡大した。市民生活は好むと好まざるとに関係なく、政府の行政活動に左右されざるをえない。しかも、「行政国家」という言葉が意味するように、民主主義政治体制は維持されつつも、政府職能の実質的決定権は官僚制的組織を基軸とする行政部に集中していった。こうした状況を放置することは、民主政治の「危機」ともなりうる。

「行政統制」と「行政責任」は裏表の関係にあるといってよい。イギリスの行政学者であるH・ファイナーは、議会による行政の統制が重要であることを提起したが、行政は議会のみならず司法といった外在的制度の統制を受けている。また、行政制度の内部にも監査・検査機関を設けており、さらにはマスコミや市民運動といった非制度的な主体からも統制されている。行政はこうした外在的な統制に的確に応答する責任がある。このことは社会に広く認識されていよう。

とはいえ、行政統制の強化の文脈で「行政責任」をとらえるだけでは不十分であるという考えは、アメリカの行政学者であるC・フリードリッヒを嚆矢とする。そもそも議会による統制が弱体化したゆえに行政の責任が問われるようになったのだ。したがって、フリードリッヒは行政官（行政組織）は外在的な統制に服すだけでなく、市民の感情に的確に応えるとともに、科学的に確立された基準にもとづいて行動する機能的責任があるとした。つまり彼は、行政官の自律的責任の重要さを提起したのである。

けれども、議会などの統制を受けつつ、市民の感情に的確に応答する、あるいは機能的責任を確実に果たすというのは、それほど簡単な作業ではない。行政官・行政組織はそれを取り巻く多様な政治集団や利益集団と接触しつつ、予算をはじめ計画や政策、事業の案をつくり、かつ政治の決裁を得なくてはならない。彼らは多くの法令や規則を解釈しつつ政治や諸集団の合意を取りつけなくてはならない。さらに実施の過程においても利害関係をもつ諸集団の圧力や牽制を受けざるをえない。それらを斟酌・妥協しつつ（あるいはそのように装い）活動を展開することは行政技術の一つであろうが、行政官・行政組織には解決すべき社会的問題状況にたいする思考体系（価値観）が内在しており、それを損なわない程度に、つまり自律的に行動することを指向しよう。ここに「行政責任」が各社会的集団の依って立つ価値観にもとづき多様に評価され、議論される理由があろう。

「行政責任を考える」とは、行政組織が執政部（内閣や大統領）、諸利益集団といかなる関係を取り結びながら、さらには組織内部の利害を調整しつつ、いかなる思考体系のもとで行動しているのかを、社会科学として、つまりは批判的眼差しをもって考察することであるといえよう。

2

二〇一八年夏、とくに西日本は長期間にわたって集中豪雨に見舞われ各地で河川が氾濫し、多数の犠牲者を出すとともに多大な経済的損失をこうむった。後片付けや復旧作業が一段落したとき、おそらく問題視されるのは、堤防のあり方であり河川管理者の責任であろう。これまでも大水害の度に河川管理者の責任が問われてきた。

河川管理者は河川の種別によって異なる。河川法にいう一級河川水系（水系数一〇九、延長八万七一五二キロメートル、河川総延長の約六一・二％）の管理者は国土交通相である。ただし、国土交通相が都道府県知事の意見を聞き指定した区間（指定区間）の管理は、都道府県の法定受託事務とされている。指定区間外は国の直轄区間である。いずれの区間も河川の管理を目的とする各種の工事計画は、国土交通省水管理・国土保全局（旧・河川局）の策定する河川整備計画にもとづく。河川整備計画の策定にあたって重要な基礎前提とされるのは、河川の基本高水流量（雨水が人工的施設で調整されていない状態でそのまま河川に流れ出たばあいの河川流量。一五〇年から二〇〇年に一度発生する洪水を想定）の設定である。それにもとづいて堤防の高さや構造が設計される。大規模氾濫によって責任を問われた行政組織は、設定された基本高水流量は低すぎたわけではなく合理的であり、予期できないほどの異常気象条件によって大規模氾濫が生じたと主張してきた。それでもなお、基本高水流量や堤防等の構造にむけられた懐疑は収まったとはいえない。

一方において、このところ議論は若干下火になっているようにみえるが、旧建設省時代から河川管理機関が設定した基本高水流量は高すぎるのではないか、それが巨大なダムや堤防の建設につながり無駄な財政支出と自然破壊を推しすすめているとの批判が続いてきた。これにたいしても河川管理機関は、過去の水文学的史料や地形、気象条件などについての現代科学にもとづく判断の結果であり、大災害に備える合理的なものと主張してきた。このように、基本高水流量への疑問は、研究者間の論争を伴いつつ繰り返し提示されている。ようするに、行政機関の行為の妥当性を考える一つの重要な視点は、行政機関の有する専門的知識や技術のありようといえよう。

いま、河川管理における基本高水流量について述べたが、現代の行政活動はほとんどの事象において統計データとその「科学的」分析・解釈を基礎として政策・事業を作成し実施するものである。データの解釈・分析の正当性が問われるのは当然だ。行政学の行政責任論として「機能的責任」が論じられる。行政官は客観的に確立された科学的基準にもとづいて行動すべきとするものである。これは行為規範としていうかぎり妥当だ。だが、多くのばあい一〇〇％の真理といえる科学的判断など存在しない。基本高水流量にしても同様であり、行政官がその妥当性を主張しても客観的基準ではありえない。

しかし、行政責任を問う言説が強まるのは、行政官による事象の「科学的判断」のレベルにとどまらない。行政組織の行為には、自己の利益をはじめ実に多数の利益が影響をおよぼしている。行政組織は自らのリソースの拡大による組織の安定を指向する。このばあいのリソースは所管する財源であり人であり権限、情報である。一方において行政組織による政策・事業の実施は対象集団を特定しておこなわれる。言い方を換えれば、顧客集団を生み出す。これらの集団もまた自らのリソースの拡張をもとめて行政組織と密接な関係を取り結ぶ。さらに事業の展開は行政組織と顧客集団とを取り結ぶ政治家（議員）集団を生み出し成長させる。いわゆる「〇〇族議員」集団だ。自民党一党優位体制が固まった一九七〇年代以降の日本政治では、政・官・業の三角形が政策・事業の決定と実施の核心を形成した。それは今日なお一定の影響力を有している。行政組織の主張する政策・事業の「正当性」は、リソースの拡張をもとめる諸集団の影響力の合成であるといってよい。こうした行政組織の意思決定構造に注目する市民からは、いったん、大きな問題事象が発生するならば、行政組織の判断の「偏向」が問題視され、行政組織は説明責任をきびしく問われることになる。

3

かつて霞が関の官僚たちのあいだでは、冗談とも本音ともつかない「われらは住人、大臣は旅人」が語られた。自民党一党優位体制時代の内閣の閣僚は、派閥順送り人事が顕著であった。それは政権党内政治の安定化を図る有力な手段だった。その結果、多くの閣僚は半年にも満たない在任に終始し、元〇〇大臣の「栄誉」を得て交代した。

ところが、そのような時代は遥か昔となり、とりわけ二〇一二年一二月に第二次安倍晋三政権が誕生して以降、たんに政権が過去に例をみないほどに長期化しているばかりか、政権の政策決定にたいする主導性が一段と高まっている。また二〇一四年に制定された改正国家公務員法にもとづき内閣人事局(局長は内閣官房副長官)が設置された。内閣というより首相官邸は、全省の官僚制幹部(部長級以上の約六〇〇人)にたいする人事権を名実ともに掌握している。かつて「官庁の自治」ともいわれた官僚制幹部の人事権の所在は、大きく様変わりした。こうした政治・行政構造の変化のもとで行政責任を考える視点も自ずと複雑化せざるをえない。

民主政治における伝統的あるいは規範的な政権（執政部）と公務員集団の関係論に立てば、公務員集団の役割は執政部の補助・補佐機能にある。しかしながら、現代の大規模社会において政府職能は否応なく拡大し、政治による意思決定の実質は行政機構によって担われている。ただし、執政部は選挙を通じた代表性とそれゆえの政治的正統性を有しており、行政組織は執政部の承認を得ることによって自らの意思決定の正当性を主張してきた。とはいえ、補助・補佐機能の実質は、行政組織への権力の集中を促すこととなった。

この現実と民主主義政治体制の規範を「調和」させるために、多様なチャンネルを活用した行政統制のしくみが論じられてきた。また、行政官の行動に内在させるべき規範として、さきにふれた機能的責任や市民への応答能力の向上が「行政責任」論として論じられてきた。このことの学問的意義は否定されるべきではないし、大学教育などにおける基礎的知識として講じられるべきだろう。だが、行政責任を現代日本政治の文脈のなかで考えるとき、この次元にとどまることはナイーヴにすぎよう。

そもそも最近の政権の行動は、大綱的指示のみを発して、その具体化を行政組織の補助・補佐にゆだねる次元を遥かに超えている。内閣官房・内閣府に政権の意に叶う官僚を一本釣りして政権の「官僚機構」とも呼びうる組織を築いている。こうした政権の行動が重なると、政権に「忠実」であることによって「栄達」を図ろうとする官僚があらわれる。政権が各省幹部人事権を握ればいっそう行政官の行動に影響をおよぼすことになる。

二〇一七年以来、日本政治を揺るがしている森友学園・加計学園問題における内閣官房や財務省の官僚の行動は、この状況を具体的にあらわしていよう。決裁文書の改竄が政権最高幹部の具体的指示にもとづくかどうかは依然として定かでない。だが、官僚の行動としてみると、政権最高幹部や周辺を慮って（忖度して）、政権の意に叶う行動を臆面もなく繰り返すことこそ深刻な問題なのだ。

森友・加計学園問題のみではない。第二次安倍政権は民主党政権時代の経済低迷を「政権の失策」と批判し、「成長戦略」を政権運営の柱にすると言明してきた。その具体的プログラムを用意するために「女性の活躍推進」「一億総活躍」「働き方改革」「岩盤規制の撤廃」といったスローガンを掲げ、内閣府に担当官をおくとともに有識者会議なるものをつぎつぎと立ち上げた。そこでの提言にもとづき官僚機構に政策・事業化が指示された。経済活動にたいする政府規制を徹底的に緩和し市場競争の自由を追求する政権は、自らの思考に同調する人間からなる有識者会議を設け世論を喚起している。それが功を奏し社会が同調すればするほど、官僚機構の政策裁量の余地は狭まることになる。本文中で述べるが「高度プロフェッショナル」といった曖昧模糊とした労働者カテゴリーを設け労働規制の大幅な緩和をおこなうことは、公平・公正・平等を規範としてきた行政活動から大きく逸脱していよう。

科学的かつ中立的な公務員制度なる規範は、制度の外形はともかく内実において情実任用（スポイルズシステム）にも近い状態が出現することで歪められている。政策・事業もまた政権のイデオロギーに左右されている。仮に政権の政策目標が妥当だとしても、実施の手続きは政権の意を忖度する「側用人」のごとき高級官僚によって不透明さを増している。これでは官僚制組織が社会的に問題とされている事象になんらかの対策を立て取り組もうとしても、その選択肢は制約されることになる。

行政組織に課された政策・事業の公平さや社会的公正、政治的中立性の追求は、現代日本ではかなりの程度、とりわけ政権が「目玉」として推進しようとする政策・事業分野では脅かされており、あらためて政権なる執政部と職業公務員集団との制度的関係について考察を必要としよう。政権主導の必要性が政治の世界ばかりか学問的に課題とされて久しい。だが、この議論はさきにみた「三角形」の打破を主眼としたことによって、政権主導のもとでの首相官邸と官僚機構との関係構造におよばなかった。安倍晋三首相の長期政権が終焉しても、イデオロギー色の濃厚な官邸主導体制が容易に転換するとはいえないであろう。安倍政治に政治的・経済的利点を感じ取ってきた政治家集団が存在するし、社会的にも安倍政治に「共感」した人びとの運動が形成されているからだ。

4

結局、現代日本において行政責任を考える際には、依然として政・官・業の「三角形」が行政実施体制の基底で影響力を有している状況はもとより、執政部（政権）が絶対的与党体制のもとで政策・事業を露骨に支配している状況を前提として、行政活動の内実を考察していかねばならないであろう。したがって、政治が行政を統制しえているかといった行政統制論や、行政が国民への応答責任を果たしているかといった、ある意味で行政学のテキストの次元に議論をとどめてはなるまい。

もちろん、このことは行政活動の統制制度の充実や行政組織の応答責任を確保する制度の設計を不必要とするという意味ではない。その充実は絶えず追求されなくてはならない。政治や行政は、多様な制度を用いて自らの行動を評価し、確実に目的を果たすべく努めていると主張するであろう。それだけに、情報公開制度や公文書管理制度の「独立性」を保障する改革を果たすことによって、行政組織の意思決定や実施過程の透明度・公開度を高めることが現代日本政治に問われていよう。

民主主義政治体制において主権者はいうまでもなく国民である。だが顔のない国民はいないのであって、そこには多様な政治的価値観を抱く多様な集団・個人が存在する。月一〇〇時間未満の時間外労働を認める労働基準法の「改正」にたいしても、それを「当然視」する集団が社会に存在する。

政治の意思を背景とした行政活動は、国民に責任を負うといっても、いったい、どのような政治的価値を抱く国民への応答であるのか。一見、社会的共通利益の実現を目指しているようにみえる行政活動に見落とされているものはなにか。政治がきわめてイデオロギッシュに行動するとき、行政組織は「中立性」や「公平性」をどのように取り繕うのか。これらの内実こそが、行政活動を考察する際の焦点とされるべきである。

政治が掲げる政策への価値判断を抜きに行政の責任なるものを考えることはできない。したがって、行政活動の妥当性について活発な論争が展開されるべきである。官僚制の集団作業としての行政は、政策・事業を通じて政治の価値を具現化していく。その意味で行政活動の内実を考えることは、巨視的な政治分析を補完するとともに、政治の本質に迫りうるであろう。

＊　＊　＊

以下、本書ではここ二、三年のあいだに顕著となっている行政の問題事象を取り上げ、その実像にアプローチしてみるが、大きくつぎの三部から構成される。

第一部「官僚制組織の自律とはなんだろうか」では、安倍晋三政権の長期化とともに政権と官僚制との関係をめぐる議論が高まっていることを背景に、政権と官僚制との関係の変化、官僚制組織と外部集団との関係にみられる意思決定の特徴などを考える。

第二部「政策の公共性と行政の責任」では、公共政策の「公共性」とはなにかを考えていく。行政は社会的問題事象の解決を目標として、政策・事業を実施している。けれども、たんにそれらが目標を実現しているかどうかではなく、その目標の設定自体がはたして妥当であるのか、多くの議論を呼び起こしている。社会的公正・公平・平等といった価値がどのように認識され、いかなる結果をもたらしているかを考える。

第三部「市民の尊厳と行政の責任」では、公教育としての「道徳教育」「過労死」「子どもの貧困・子どもの虐待」をとりあげ、行政は人間の尊厳と生きる権利の保障をどのようにとらえ事業に取り組んでいるのか、その問題状況を考える。

第Ⅰ部　官僚制組織の自律とはなんだろう

第1章　「政治主導」の陥穽——見失われた緊張感ある政官関係

二〇一二年一二月に成立した第二次安倍晋三政権は、発足当初の大方の予測に反して、ここ一〇年ほどの日本政治では異例の長期政権となっている。その理由として、政権党たる自民党内政治リーダーの資質の変化、小選挙区比例代表並立制による衆議院議員選挙制度、政党助成金にもとづく政治資金が自民党中央から議員（立候補予定者をふくむ）へ配分されていることなど、多様な要因が指摘されている。それらが「安倍一強」といわれる政治状況をもたらしていることは否めない。

とはいえ、本章はこうした安倍政権の長期化を促している自民党の政治構造や党内の政治力学について論じようとするものではない。政権の長期化とともに日本の政治と行政に生じている変化に着目し、「政権主導」という言葉が多用されるなかで、政治（政権）と官僚機構との関係について考えてみようとするものである。はたして官僚制は政治から自律しえているのだろうか。

二〇一七年以来、日本の政治と行政を揺るがしているのは、森友学園および加計学園をめぐる政権と官僚機構の「藪の中」のような不可解な関係だ。

森友学園なる大阪で幼稚園を経営する学校法人が、豊中市の国有地の払い下げ決定を受けて小学校の

学校法人「加計学園」が開設した岡山理科大学獣医学部（提供　朝日新聞社）

建設・開校を企図した。復古主義思想の持ち主と思われる経営者と安倍首相ならびに夫人は親しい関係にあったとされる。国有地を「破格」の価格で払い下げた財務省理財局や近畿財務局は、政権中枢の意を慮ったのではないか。国有地の払い下げ価格の決定過程は、なんとも不透明である。

加計学園は国家戦略特区制度を利用して愛媛県今治市に獣医学部の開設を計画した。学園理事長と首相は旧来親しい友人関係にある。国家戦略特区諮問会議は獣医学部の新設を議題とするにあたって、加計学園のみが提案できるような条件を設けた、また内閣官房の官僚から獣医学部の新設に難色を示す文部科学省の担当官に「政権中枢の意向」といった文書が示された……。国家戦略特区を所管する内閣官房と大学の設置認可権限をもつ文科省のあいだで交わされた文書、文科省官僚が作成した内閣官房の官僚との協議メモなどの明るみに出された文書は、当初「怪文書」（菅官房長官）とされたが、政権も文科省もその存在を認めざるをえなかった。首相の「縁故政治」にもとづく利益供与の指示があったかどうかはともかく、その意を慮った政権中枢の政治家・官僚の行動を窺わせる事態が続いた。こうした奇々怪々な経緯を経て、結局、加計学園が経営する岡山理科大学獣医学部は、二〇一八年四月に開設された。

いずれ真相が明らかになる日があるかもしれないが、まさに「藪の中」である。とはいえ、マスコミ報道にくわえて国会での政権と野党との質疑や参考人質疑から透けてみえる問題状況からは、アジア太平洋戦争の敗戦から七三年の今日、執政部を構成する政治家（大臣・副大臣・大臣政務官等）と職業行政官の行為規範から「法の支配」の認識が薄れてしまっているのではないか、と思わざるをえない。それは執政部を批判していれば解決するようなものではないし、職業行政官に注文をつけていればよいというものでもないだろう。安倍長期政権のもとであらためてもとめられているのは、執政部と官僚機構との関係構造であり、それを基本として「公共とはなにか」を考えてみることであるといってよい。

1　政権に決定権の集中する国家戦略特区

新国家主義と新自由主義の伴走

二〇一二年一二月に民主党から政権を奪還した第二次安倍政権の政治・政策指向に顕著なのは、新国家主義と新自由主義の動きだ。前者についていえば、特定秘密保護法、安全保障関連法制、共謀罪の新設をふくんだ組織犯罪処罰法を相次いで制定し、さらに日本国憲法のとりわけ第九条(「平和主義」)に焦点をあてた「改正」が強調される。これらは歴代自民党政権が試みなかったわけではないが、自民党内や野党、批判的世論に配慮して「放置」してきたものである。新国家主義に彩られたこれらの動きは、官僚機構を用いた改正作業というよりは、政権中枢の政治家および政権ブレーンとされる有識者によって主導された。安全保障関連法を強引に制定しようとする首相にとって、従来集団的自衛権の行使を法理的に否定する憲法解釈を重ねてきた内閣法制局は、まさに「目の上のタンコブ」だった。政権は内閣法制局を従属させるために長官を更迭し、集団的自衛権に積極的姿勢をとる外務官僚を任命した。これほど「ご都合主義」的かつ強権的な人事は、かつての日本政治にはみられない。こうした一連の法・政策を推し進める安倍政権は、保守政権というよりも右翼政権であり、日本の民主政治を否定するものとして、草の根から危惧の声や批判が巻き起こった。

一方で、新自由主義にもとづく政策は、より具体的に日本の社会経済的秩序を根底から再編しようとするものといってよい。安倍政権は経済成長至上主義を目標とするかのように、「三本の矢」「新三本の矢」といったスローガンのもとに、金融の大幅緩和、大規模公共事業の実施、政府規制の大幅な改革などを掲げている。

一九九〇年代の「失われた一〇年」、それに続く「失われた二〇年」が世論を席捲するなかで、政権の掲げる新自由主義にもとづく経済成長戦略に大きな社会的批判が存在するわけではない。かつての高度経済成長を知る世代の郷愁や「ジャパン・アズ・ナンバーワン」といわれた時代の幻影の所産ともいえよう。「持続可能な経済」とはなにかが社会的に真剣に考えられるべきなのだが、そうした動きは低調である。だからこそというべきか、実は新国家主義と新自由主義が表裏の関係にあることへの社会的認識は希薄であるといってよいだろう。軍事力の強化による「強い国家」と市場原理主義に立つ「強い経済」の追求は、民主主義政治体制を空洞化する。そこからは市民生活の安定もそれなりに豊かな経済生活も得られるものではない。

とりわけ、新自由主義経済政策の「目玉商品」ともいうべき「国家戦略特区」は、たんに「大胆な規制緩和」という以上の問題を、日本の行政に投げかけていよう。

密室での決定だった国家戦略特区

第二次安倍政権は、二〇一三年六月一四日に「日本再興戦略――JAPAN is BACK」を閣議決定した。それは二〇一四年と一五年に改訂されているが、このなかで成長戦略の中心手段として位置づけられたのが、国家戦略特区制度だった。この制度について政権は「岩盤規制にドリルで穴を開ける」「世界で一番ビジネスしやすい国にする」と声高にアピールした。そして二〇一三年一二月に国家戦略特別区域法が制定された。続いて一四年一月に内閣府に国家戦略特区諮問会議が設けられた。この諮問会議は首相が議長を務め、官房長官、国家戦略特区担当大臣、首相の指名する国務大臣そして民間人を議員とするものである。この諮問会議の運営を補佐するために、内閣官房が各省から「一本釣り」した官僚が担当大臣のもとに配されている。

国家戦略特区制度は、小泉純一郎政権時代の二〇〇二年に制度化された構造改革特区制度と対比される。双方ともに「規制緩和」を掲げてはいるが、内容はまったく異なる。構造改革特区制度は自治体からの事業提案を受けて、規制の所管省が区域と事業を認定するものだった。酒税法の縛りを解いた「どぶろく特区」や、道路運送法の規制を特定地区について緩和しNPOなどによる移送サービスを可能としたことが、大きな話題を呼んだ。いずれも小規模事業の展開や地域の生活の利便性の向上によるまちおこしを主眼とするものであった。内閣府の構造改革特区担当室と法令の所管省とのあいだで特区認定の議論が交わされたが、政界やマスコミを揺るがす政治問題と化すことはなかった。

ところが、国家戦略特区は首相指導ないし政権主導の色彩がきわめて濃厚であり、意思決定中枢は高度に集権的であり厚いベールに覆われている。国家戦略特区の区域はさきの諮問会議の議論を踏まえて首相が認定する。この「区域」は自治体の区域ではない。より広域的な地域である。国家戦略特区法には多くの事業メニューが掲げられているが、国家戦略特区での事業は、区域ごとに設けられる国家戦略特別区域会議（構成員は担当大臣、関係自治体の長、首相の選定する民間事業者）の合意にもとづき事業者を募り国家戦略特区計画が作成され、首相の認定を受けることになる。さらに国家戦略特区を特徴づけるのは、区域計画の策定時点で政府規制の特例措置が適用されることであり、認定された事業者にたいして金融支援・設備投資の減免措置、固定資産税や研究開発費の減税が特例的に適用されることだ。

まさにこの制度は、特定区域を設定して政権主導のもとに規制緩和、財政・金融、税制面での優遇措置を誘因として、国内のみならず国際的に事業者を呼び込み経済成長を図ろうとするものである。一見すれば、なにやら新たな成長戦略のような印象をあたえる。だが、明治初期の官主導による「殖産興業」のような先祖返りの色彩も漂う。そこに、安倍政権の政治的体質が感じとれるのだが、時代は大きく変わっている。民主主義政治体制を基本とする政権のあり方、政治と経済・社会の関係、市場と公共との関係など、一〇〇年余以前とは比べようがないほど変容している。さまざまな批判はあるにせよ、民主政治は定着をみており、市場の発展とともに市民の企業活動をみる眼もきびしさを増している。これが無視されているところにこそ、今日の政治と行政の問題状況があるといえよう。

2 「岩盤規制」という言葉は妥当か

誰の、いかなる利益を護るのか

安倍晋三政権は「岩盤規制」なる言葉を多用している。政府規制、より直接的には中央各省の所管する法令とそれにもとづく行政がまさに堅い「岩盤」のようであり、それを「破壊」しないことには日本の成長はありえないと強調する。のちに第9章「過労死を防げぬ労働行政」で詳しく述べるが、世界基準からみて緩やかそのものの労働規制法制にたいしても「岩盤規制」であるとして、「働き方改革」の名のもとに緩和を追求している。

「岩盤規制にドリルで穴を開ける」との政治の言説には、経済界はもとより社会的にも一定の支持があるのは事実だ。しかし、政府規制の緩和は政治のプロパガンダとされてはならない。概念的にいうならば、政府規制は市場における経済活動の公正を確保するための経済的規制と、人権尊重や環境の保全などを目指す社会的規制に大別することができる。とはいえ、実際の行政と政治においてそれを峻別することはきわめて難しい。さきにあげた労働基準などの労働規制は社会的規制といえるが、きびしい労働基準は産業界からみれば自由な企業活動を「拘束」すると映る。独占禁止やカルテル行為の規制は商取引の公正さを確保するための経済的規制とされている。企業の活動に直接関与できない市民からみれば、生活の安定にむけた社会的規制でもある。市民はこうした経済的規制の厳格な実施を指向する。だが産業界はその緩和を指向する。

しかも、政府規制はその根拠法を所管する行政機関によって実施される。政府規制を複雑化させている要因は、規制の所管省がそれぞれの規制に利害関係をもつ集団を「顧客集団」として抱え込み、実際の政府規制の中身は所管省と顧客集団のあいだで決められてきたことだ。この意味でいえば、政府規制は規制の名による業界「保護」の色彩が強かったのも事実である。

したがって、規制を緩和するばあい（逆に新たな規制をくわえるばあいにも）には、いったいそれによって誰が利益を得るのか、誰のいかなる利益が損なわれるのかを熟慮し、社会的公平や公正の確保のための「再規制」のあり方が考察されねばならない。政府規制を「岩盤」とプロパガンダしその全面的廃止をいうことは、野蛮な市場原理主義をもたらすのであって、反知性主義といわざるをえないであろう。

この観点からいうと、政権主導の国家戦略特区は、社会的公正の確保や法律による行政を危うくする要素を多分にはらんでいる。実際、国家戦略特区法には多くの事業メニューが掲げられている。市民生活に身近なメニューとしては、都市公園内における保育所設置の解禁、公立学校運営の民間への開放（公設民営学校の設置）、医療保険外併用養育（混合医療）の拡充などがあり、その実施が特定事業者にゆだねられる。しかし、これを規制緩和といいうるだろうか。「官営事業の現代版」といった方が妥当であり、政権と事業者の関係が不透明であればあるほど、「腐敗の温床」となるばかりか、肝心の事業内容は政権の「お墨付き」があることによって、社会的公平や公正、平等といった価値を疎んじるものとなる危険性をはらむ。

合理的説明を欠く国家戦略特区法の事業メニュー

国家戦略特区法の掲げたメニューの一部はすでに実現をみているのだが、その合理性については確たる説明はおこなわれていない。その一つの例は都市公園をめぐる規制緩和である。保育所への待機児童問題が、とりわけ大都市部で深刻であることは事実だ。また保育所の増設によって主として女性の就労の増加を見込むこともできよう。とはいえ、保育所の増設のために都市公園を開放する結論を導くまえに考察せねばならない事項はきわめて多いはずだ。都市公園の機能をリクレーション・スポーツ・憩の場といった市民生活の充実や防災の観点から考えねばならないだろう。また保育所の増設についても選択肢は多数あるはずだ。たとえば、企業に従業員用の保育室の設置を促すことや一定規模以上の集合住宅に保育所の設置を義務づけ、税制などでそのコストを軽減することなど、以前から多様な方法が提起されている。都市公園を「空き地」としてとらえ「建設すればよい」は、あまりに短絡的思考だ。

公設民営学校の設置については都市公園内に保育所を設置する以上の問題が山積している。すでに多くの自治体において保育所の運営は「民営化」の流れに竿差すかのように、指定管理者制度を用いて企業などにゆだねられている。だが、この方式にたいして保護者からは保育の質をめぐる批判・異論も数多い。従来の熟練した保育士に代わって専門学校などの新卒の保育士を雇いコストを下げているところが多い。まして、公設民営の公教育学校において、はたして適正な教育が実施されるのか。私立の小中学校が多数存在するとはいえ、公立小中学校は教育の機会均等、それによる基礎的学力の涵養を目的にして公費で施設や教員などの充実を図ってきたものだ。現在でも公立学校の学校給食費や教材費などの保護者負担は重い。公設民営学校の教育の質（水準）や保護者負担はバラバラとなるだろう。それは公教育に多大なダメージをもたらさざるをえないのである。

混合医療の実施は、これによって外資の医療機関や、「医療ツーリズム」の名による外国人患者などを呼び込もうとするものだ。もちろん、これに呼応する国内医療機関も多数出現しよう。ふつうの市民からみればこの国が誇ってよい国民皆保険を、これを突破口として否定するにも等しい。健康保険の対象から外れる重篤・難病等の患者医療には別途公費での支援が充実されるべきだが、これとは真逆の「命の沙汰もカネ次第」といった状況を政治がつくり出すことは、あってはならない。

政権中枢において民間有識者とともに特定の政策事業と事業者が決定され、それがトップダウンで関係機関に伝達される。政権中枢では特定の政治・政策選好のもとで決定され、多くの変数が捨象される。つまり、政策の作成と実施という行政活動に不可欠な選択肢の提示とその取捨選択は、透明性を確保しつつおこなわれなくてはならないのだが、それは政権中枢という「奥の院」に阻まれてしまっている。

岡山理科大学の国家戦略特区を利用した獣医学部の開設にとどまらず、右のようにメニューがはらんだ問題は多いのだが、国家戦略特区における最も大きな問題は、政権が説明責任をまったく欠いていることだ。つまり、政権中枢での決定が、政治と行政の重視すべき「法の支配」に適合しているとはいえないことだ。

政権中枢からは、従来のように所管省庁の意見を聞けば省益・局益に根差した「抵抗」ばかりが主張され、「岩盤」に穴を開けることはできないとの意見が出てくることであろう。行政庁にはたしかに既得権益を守ろうとする組織利益が働くことも事実である。しかし、行政組織には各種の情報が蓄積されており、それをもとにした政策・事業案の作成のノウハウも蓄積されている。もちろん、官僚制組織がその理念型はともあれ、常に合理的に行動するなどというつもりはない。しかし、政権主導を声高に叫びイデオロギー的観点から政策・事業を閉鎖的な「決定核」で決定することは、政策・事業にもとめられる合理性や説明責任をないがしろにすることになる。

政権の「日本再興戦略」なるプロパガンダのもとで立案されている政策・事業の非合理性や決定プロセスへの懐疑・批判は、結局のところ、民主政治のもとでの「政権主導」のあり方を問うものであるといってよいだろう。

3　政権主導論の台頭と見失われてきたもの

「政権主導」論の台頭

一九九〇年代初頭から政治の世界のみならず政治学・行政学を中心とした学問の分野においても、「政治主導」の重要性が議論されてきた。ここでいう「政治」とは、政党政治一般ではないし、のちに述べる個別利益の代理人とも呼ぶべき族議員集団主導の政治でもない。執政部である政権主導の政治を意味している。したがって、政治主導は「政権主導」と表現する方が適切といえよう。

こうした議論が誕生した背景を簡単に振り返っておこう。自民党一党優位時代の日本の政治は利益集団・官僚機構の部局・族議員集団の「鉄の三角形」の支配を核心としていた。個別利益で仕切られた議員集団は、利益集団から票と政治資金を得て官僚機構の部局に働きかける。官僚機構の部局は族議員集団を「応援団」として組織リソースの維持・増強を目論む。利益集団は当然この関係構造のもとで組織的利益を拡大していく。

こうした「鉄の三角形」は、自民党政治のもとで制度化されていた。自民党の政策審議機関は政務調査会だが、これは省庁編制に対応した部会を内部組織としている。部会は族議員集団の拠点でもある。そして政権党たる自民党は内閣提出法案について事前審査制と呼ばれるシステムをつくってきた。これを端的に述べると、各省庁が法案要綱を作成したならば、政務調査会の関係部会（直接関係する部会にとどまらず反対・抵抗の予想される部会をふくむ）に提出し、その意見を聞く。両者のやり取りは部会の承認が得られるまで繰り返される。その後に法案が省内の法令審査、さらに内閣法制局の審査を経て閣議決定され、国会に上程される。

およそ、一党優位時代の自民党は相対立する経済社会的利害を取り込んだ「包括政党」さらには「超包括政党」であり、組織構造はきわめて分散的であった。一九八〇年代末から九〇年代初頭にかけてリクルート事件、佐川急便事件、金丸信・自民党副総裁の巨額脱税事件、ゼネコンスキャンダルが続いたが、それは自民党政治が「腐敗の温床」であったことを意味している。

こうした政治スキャンダルが相次ぐなかで自民党一党優位体制は一九九三年に崩壊し、日本は連立政権の時代に入った。国際的にも米ソ冷戦体制が崩壊し世界政治経済は激動の時代を迎えた。こうして、族議員集団と官僚機構が一体となって事業領域を囲い込み、腐敗を重ねる「内向き」の政治・行政構造は、「強力」な執政部の主導によって改められねばならないとされた。内実はともかく九〇年代初頭に政治改革、地方分権改革が日本政治の大きな政治アジェンダ（議題）とされたのは、こうした文脈においてである。

一九九六年に橋本龍太郎政権のもとで設置された行政改革会議は、中央省庁の大規模再編を実現したことで注目を浴びたが、行政改革会議の最も重要な日本政治への貢献は、首相指導の法制度的基盤の充実を提起し実現したことであるといってよいだろう。

行政改革会議の「最終報告」をもとにした二〇〇一年一月の行政改革は、内閣法第四条第二項を改正し首相の閣議への提案権を制度化した。旧来の内閣法第四条第二項は「閣議は、内閣総理大臣がこれを主宰する」としていた。その一方において、内閣法ならびに国家行政組織法は府省の最高意思決定権限者を「主任の大臣」としてきた。首相が「主任の大臣」なのは総理府のみであった。首相の各省にたいする指揮権は法制度的にはないのに等しい。

首相権限が「絶大」であるかのようにみなされてきたのは、自民党一党優位のもとで党内最大派閥の領袖ないしその支援を受けた派閥の領袖が、その座を占めてきたからである。いわば、法制度上弱体な首相権限は、政権党内の権力によって覆い隠されてきたのだ。だが、連立政権となり連立与党間の調整が必要となる。また橋本龍太郎の前任者である村山富市の率いる社会党（現・社民党）は与党第二党であった。橋本龍太郎は与党第一党の党首ではあったが、党内派閥の領袖ではない。こうした政治状況は首相の法制度上の権限の弱体さを白日のもとにさらしたのである。

こうして、さきの内閣法第四条第二項は、既存の条文に続けて「この場合において、内閣総理大臣は、内閣の重要政策に関する基本的な方針その他の案件を発議できる」をくわえた。閣議にたいする首相提案権の法制化だ。

しかし、二一世紀を迎えようとする時代になってはじめて首相の提案権が法制化されるとは、驚くべきことといわねばならないのではないか。なんとも「平和」で「ナイーヴ」な政治が展開されてきた証左といってもよいだろう。

この首相の提案権の法制化にくわえて二〇〇一年の行政改革は、内閣官房の権限とスタッフを拡充するとともに、内閣府を設置し首相の補佐・補助機構を整備した。従来、中央政府の府省庁委員会は、国家行政組織法を基準法としてきたが、新設された内閣府は国家行政組織法の対象外の組織とされた。それだけ内部の組織編成が機動的におこなわれることになる。内閣府には重要政策を審議する組織として、当初、経済財政諮問会議など四つの会議が設けられ、首相、関係大臣、民間人議員から構成された。一四年一月に設けられた国家戦略特区諮問会議は、この文脈での諮問機関である。

さらに、各府省の政務次官職が廃止され、大臣―副大臣―大臣政務官の執政部が配置された。これは政権の意を受けて各省官僚機構をコントロールする体制の整備を意図するものだった。

こうして、日本の政治・行政には、制度論としていえば、自民党一党優位時代とは大きく異なり、政治(政権)主導の体制がつくられたといってよい。

官僚「敵視」から「側用人」官僚の囲い込みへ

政権主導の必要性を論じてきた政治家や研究者にとって、こうした体制の構築は高く評価しうるものだった。しかし、これに続けて政権主導体制のもとで政権と官僚機構のあるべき関係が追求されたとはいえない。筆者もまたこの点を「自己批判」せねばならない一員であると考えている。

二〇〇九年七月に自民・公明党政権に代わって登場した民主党政権は、「官から政」を一大政治スローガンとして掲げた。国民の多くもそれを支持し政治の躍動に期待をよせた。民主党政権は内閣府とりわけ経済財政諮問会議などを活用することなく、内閣レベルに「国家戦略会議」を設けるとした(実現をみることなく終わる)。各省レベルでは政務三役(大臣・副大臣・大臣政務官)に意思決定権限を集中させ、官僚機構の補佐・補助機能を抑制した。

東日本大震災、東京電力福島第一原子力発電所のシビアアクシデントといった未曾有の大災害に見舞われたことが政権崩壊の一因としてあったとはいえ、「官僚敵視」のような政治では、この大規模社会を統治できない。民主党政権は、官僚機構が政治を利用しつつ組織利益の増殖を割拠的に推しすすめてきたと認識したのであろうが、視野狭窄といわざるをえないであろう。

民主党から政権を奪還した自民党は、さすがに「老獪」である。政権に思想的・イデオロギー的に親和的な有識者(御用学者)を集め世論形成を図るとともに、各省官僚とりわけ組織的ミッションの失われている経済産業省の官僚を一本釣りすることで、内閣官房・内閣府の官僚機構をつくり、各省官僚機構の行動を抑制してきた。

くわえて、二〇一四年に改正国家公務員法が制定された。政権が幹部公務員(官僚制幹部)の人事権を掌握することが政権の意思を確実に実行するために不可欠として、内閣官房に内閣人事局を設け局長には内閣官房副長官を補職する体制をつくった。部長級以上の幹部公務員の人事を首相官邸に一元化することにより、より一層の官邸主導体制が固められた。

しかし、ここにも政権主導と官僚機構の関係を真摯に考えつくりあげようとする指向は希薄だ。森友学園や加計学園をめぐる「疑惑」が問題視されるなかで「忖度」なる言葉が一種の流行語となった。従来、各省の事務次官・局長などの人事は閣議の承認を必要としていたが、実質的には各省官僚機構が伝統的につくりあげてきたルールにもとづき，組織内部で決定されてきた。ときに高級官僚OBが介在することもあったが，それも省内人事慣行を逸脱するものではなかった。しかし，首相官邸による高級官僚人事の一元化を謳う新たな体制のもとでは，筆頭局長が次期事務次官に就任するといったキャリアパスは通用しない。エリート官僚であるがゆえの上昇志向を充たそうと思うならば，政権（官邸）の意を「忖度」しつつ行動することにもなる。政治（政権）指向の強い「政治的官僚」の出現だ。

だが，政権主導の名のもとに「側用人」のごとき官邸の意に忠実な官僚を集めることは，一見，強力な「政治指導」の政治であるかのようだが，実はきわめて脆弱な政治と行政につながる可能性をはらんでいる。なによりも政治の決定中枢がきわめて閉鎖的となり透明性が失われていく。また，政権中枢と思想的というよりもイデオロギー的に同一ないしそれに過剰同調する集団による決定は，政策や事業案の決定に不可欠な多元的な利害の表出を拒み，その正当性を失っていく。言い換えれば，説明責任がかぎりなく無視されていく。

4　問われる政権と官僚機構の緊張関係

政治（政権）主導は，一国の政治・行政の基本におかれるべきである。このことを不必要と否定する者はいないであろう。内閣は政治的代表性とそれにもとづく政治的正統性を背景として権力の行使を認められているのであり，一国の歩みにたいする責任を負っている。もちろん，このことは民主政治を基本前提としているのであり、独善的、もっというならば独裁にも通じる行動が認められているのではない。

ただし、この大規模社会を統御していくためには、官僚制組織の存在が不可欠である。政権がいかに政治的正統性を主張しようとも、政治家である彼らは大局的な判断はできても、それを具体化する政策立案・実施の技術に精通しているわけではない。彼らにそれらを学ぶようにもとめることは重要ではあるが、政治家はテクノクラートではない。意思決定の原案の作成は、官僚機構に依拠せざるをえない。執政部は行政機構全体あるいは各省における政治部門であり、あくまで高度の戦略的観点から官僚機構を統御することがミッションである。「縁故政治」が疑われるような子細な内政事項への介入は政治主導の名においてすべきではないのだ。このことは政治主導のもとで執政部を構成する政治家の行為規範として確立されねばならない。

一方において、官僚機構は基本的に政権の政治指向や政策についての大綱的指示に忠実でなくてはならない。とはいえ、それは自らの専門技術的知見、集積している情報や新たな動向分析にもとづき、政権の大綱的指示の実現可能性を探るとともに、複数の選択肢のあることを政権に果敢に提示することを意味している。実現可能性が低い、あるいは社会的批判や混乱が生じかねないと認識するならば、そのことを政権に具申すべきなのだ。

つまり、政治主導とは「立憲独裁」的な政権の行動を意味するのではない。民主政治のもとでの政治主導は執政部と官僚機構とのあいだの緊張関係に支えられねばならないのだ。

こうした緊張感ある両者の関係は、透明性と適正な政治・行政手続きによって担保されていなくてはならない。加計学園の獣医学部開設に際して、首相官邸（内閣官房）と文科省の担当官のあいだで「協議」がおこなわれたのは事実のようだ。だが、それを裏づける公文書は小出しにされており、依然として全容は明らかでない。ここに垣間見られるのは、公文書の定義と保存が明確にされていないことだ。情報公開法は「公文書」とは「組織共用文書」と定義しているものの具体性を欠いており、しかも公文書とされたものであってもその保存期間は「一年未満」とされるものが多々ある。官庁内の意思決定はもとより官邸と官庁とのあいだの協議の透明化のためには、電磁的記録をふくむ公文書の定義と保存期間を見直し、それらにたいする市民のアクセスを、まさに「知る権利」として制度化することがもとめられているのだ。

さらに、安倍政権のもとでの官邸と高級官僚のあいだに緊張感が欠けている重要な要因は、内閣人事局の設置にあるといってよい。さきに述べたように、執政部である内閣が行政機構を統御するためには各省高級官僚の人事権を実質的に掌握する必要がある、というのが内閣人事局設置の正当化理由である。このことは原理的には評価しておいてよい。ただし、そこには「政治的官僚」の出現あるいは情実任用がまかり通る危険性がある。これを回避するためには、内閣人事局が所掌する人事ポジションを制限するべきである。つまり、政治的任命職と職業行政官の区分を明確にすることである。そして内閣人事局が選定した人事候補者にたいする国会の聴聞を制度化すべきだ。彼らは国会でポジションについての所信の表明と議員の質問に答える。そのことによって「側用人」的言動は抑制されよう。仮に就任後それに反する言動が露わになるならば、社会的に大きく批判されよう。

日本型政治システムとすらいわれた官僚と族議員の「結託」、その反動としての政権（官邸）の独善的行動は、ともに「法の支配」を基本とする民主政治からほど遠い。戦後日本政治の思考空間の「貧困」から脱却した政治主導の制度設計を急がねばならない。

第2章　「天下り」問題にみる官僚制組織の特質

このところ高級官僚の「天下り」についての報道が下火になっているように思えたが、二〇一七年一月一八日早朝のＮＨＫニュースは、文部科学省の元高等教育局長が早稲田大学教授に再就職したのは、国家公務員法に違反する疑いがあると報じた。それ以来、連日、マスコミの大々的報道が展開された。国会でも前文部科学事務次官、違法な斡旋仲介役を務めた人事課ＯＢ、さらに人事課長経験者を参考人として招致し、事態の究明にむけた議論が交わされた。文科省も国家公務員法違反の事実を認めた。また、国会の質疑やマスコミ報道によって、再就職の斡旋システムが明らかになった。この斡旋システムによって再就職した文科省官僚は、元高等教育局長のみではないことが判明した。

もっとも、久々にマスコミを賑わせた「天下り」問題は、「喉元すぎれば熱さ忘れる」の喩えのように、文科省の違法性への「非難」で収束してしまった。しかし、この一件については文科省の責任追及という次元を超えて、再就職規制のあり方にはじまり公務員制度の改革、さらには官僚制組織と民間との関係にまで視野を広げた考察が問われているのではないだろうか。

というのも、政党政治からの中立性を規範として社会的公正や平等を追求すべき官僚機構には、政権はもとより利益集団におもねるのではなく、一定の自律的思考と行動がもとめられよう。それが組織内で追求されないならば、官僚機構は特定の利益を思想（イデオロギー）的に追いもとめる政権に使い倒されてしまう。「天下り」は、たんに官僚機構と個別利益との「癒着」問題にとどまらずに、政権との関係構造にダメージをもたらすといってよい。

1　二〇〇七年の国家公務員法の改正

大臣官房人事課による高級官僚OBの「天下り」斡旋

従来、退職官僚の再就職規制は、人事院の権限とされてきた。つまり、離職前五年にさかのぼって職務上密接な利害関係をもつ営利企業に、離職後二年以内に再就職するばあい、人事院の審査と承認を必要とするとされてきた。これは日本の中央省庁が民間企業などにたいして多くの許認可権限をもつとともに、補助や政府融資の決定権を有しており、両者の適正かつ透明な関係が損なわれる恐れがあるために設けられた規制である。

ただし、これは再就職規制のごく一部を構成するものにすぎなかった。かつて、大蔵事務次官退任者が地方銀行の頭取に就くといったことが頻繁にみられた。だが、離職前五年間に就いていた職位が銀行業に直接の利害関係をもつものでないかぎり人事院審査の対象とはされなかった。これは別段、大蔵省（現・財務省）にかぎらず、通商産業省（現・経済産業省）、建設省（現・国土交通省）などすべての省庁に

文科省 天下りあっせんか

人事課、早大に履歴書

監視委が調査

文部科学省が国家公務員法に違反して、同省前局長の大学への「天下り」をあっせんした疑いがあるとして、内閣府の再就職等監視委員会が調査していることが明らかになった。同省の人事課や現職の幹部らが組織的に関わり、前局長も大学側と不適切なやりとりをした疑いがあるという。

同法は、出身府省の職員による再就職のあっせんや、利害関係のある企業・団体への在職中の求職活動などを禁じている。監視委は19日にも調査結果をまとめ、是正勧告も検討中だ。文科省は調査結果を踏まえ、幹部らの処分を公表するとみられる。

関係者によると、あっせんを受けたとされるのは、大学を担当する同省高等教育局の前局長。2015年8月に退職し、同10月に早稲田大教授に就いた。監視委が経緯を調べたところ、同省人事課が前局長の履歴書を早大に送るなどしたことがわかり、組織的な関与があった疑いが浮上。また、前局長も在職中、再就職につながるやりとりなどを大学側としていた疑いがあり、事務次官経験者を含む幹部らから事情を聴いているという。

このほか、監視委が前局長に関する調査を進める過程で、他にも再就職のあっせんが疑われるケースが複数見つかったという。文科省幹部は「法の認識が不足していた。徹底させる必要がある」と話した。

菅義偉官房長官は18日の記者会見で「実際に（あっせんが）行われていたとすれば極めて遺憾。再就職に関する国民の疑念の払拭（ふっしょく）に努めていきたい」と述べた。

勧告なら初

国家公務員の再就職をめぐっては、2008年施行の改正国家公務員法で、在職中の求職やあっせんを禁止し、退職後も出身省庁への働きかけを離職後2年間禁止するなどの「天下り」規制が盛り込まれた。内閣府に再就職等監視委員会が設置され、12年3月に始動した。これまでに、消費者庁の元職員が同庁の取り締まり対象企業に天下りを要求したケースなど7件を規制違反と認定。対象となる府省庁への是正勧告は出していない。

また、総務省では昨年9月、利害関係のある企業から誘いを受けて再就職の約束をしたとして、出先機関の課長級の男性職員(60)を減給3カ月の懲戒処分とした。

『朝日新聞』2017年1月19日．

あてはまることである。

そもそも「天下り」という言葉自体が明確に定義されたものではないが、中央各省と行政・財政・人事などにわたって密接な関係にある団体への再就職と考えるならば、各省の傘下には実に多数の特殊法人、独立行政法人、業界団体などの公益法人などが存在する。「天下り」が喧しくマスコミとりわけ週刊誌などで報じられた時代、主たる報道対象は退職官僚が日本開発銀行、日本輸出入銀行、道路公団、住宅都市整備公団などの政府系機関（特殊法人）の総裁、理事などへ就任することだった。戦後日本は高度経済成長時代に中央各省のもとに特殊法人を濫設し、さらにそのもとに公益法人や株式会社などを設けてきた。さながら、中央各省を頂点とした事業コンツェルンのごときだった。

各省の退職官僚（キャリア組）の再就職人事は、各省大臣官房人事課の仕事であった。大臣官房人事課は現職のキャリア組官僚の人事とともに退職したキャリア組官僚の再就職人事も担ってきた。事務次官が交代すると、新任次官と同期に入省した局長などは退職することが省内の人事慣行とされてきたから、退任した次官や局長などの再就職先を探す必要がある。こうした交代は二年程度で生じるから、人事課はつぎつぎと再（々）就職先を用意せねばならない。したがって、マスコミは退職官僚が政府関係機関やさらにその傘下にある公益法人を、退職金を得ながら渡り歩いていると批判してきた。

二〇〇〇年代に入り特殊法人の整理＝独立行政法人化や企業などにたいする規制の緩和が進行した。官僚機構の影響力は衰退の一途を辿っているとの評価も存在する。しかし、中央各省と傘下の事業体との関係をベースとした官僚の「再就職」は、はたして変容したのだろうか。派手な政治スキャンダルこそ姿をひそめたものの、退職官僚の「特権的」な再就職は脈々と生き続けているというのが、社会的認識であったろう。「失われた二〇年」といったフレーズが象徴する経済の停滞が深刻であっただけに、こうした社会の感情は、政治の足元を揺るがす。

二〇〇七年の改正国家公務員法——再就職規制を強めたのか緩めたのか

二一世紀初頭から公務員制度改革が政治のアジェンダとされた。前章で述べたように、二〇〇一年の行政改革は中央省庁の大規模な再編成と首相指導体制の確立、独立行政法人制度の導入などを果たした。

だが、一大行政改革と宣伝されながらも手がつけられなかったのは、公務員制度の改革だった。数次にわたって国家公務員法の改正案が用意されたが、公務員制度の管理・運用権限を人事院から内閣へ移すことを主眼としており、政治性があまりに露骨であって成功をみなかった。

そのようななかの二〇〇七年、いわゆる「天下り」規制を中心とした国家公務員法の改正法が成立した。改正国家公務員法は、府省庁の管理職職員が離職後二年以内に再就職したばあい、再就職情報を在職していた府省庁を通じて内閣総理大臣に届け出ることをさだめた。また、再就職にあたって、①官庁職員による営利企業等への再就職の斡旋を禁止する、②在職中の公務員による利害関係企業等への離職後役員等に就くことを目的とした求職活動を禁止する、③営利企業等に再就職した者が離職前の職場に働きかけ（口きき）をおこなうことを禁止する、とした（一〇六条の二、三、四）。そして違反した職員は懲戒処分、再就職したＯＢが「口きき」した場合には一〇万円以下の科料などの対象となるとした。

こうした規制の一方で改正国家公務員法は、公務員の再就職を支援するとして、「官民人材交流センター」を内閣府に設けた。同センターは「国と民間企業との人材交流に関する法律」にもとづき事務を執行する。退職後に民間企業などへの就職を希望する者は、人材交流センターに登録する、センターは民間から求人を募り、退職予定公務員とマッチングさせる、というものだ。

他方で内閣府には、国家公務員法一〇六条の二、三、四が順守されているかどうかを調査し必要な措置を首相に勧告できる、再就職等監視委員会が設けられた。委員会は委員長（常勤）と四名の委員（非常勤）から構成され、衆参両院の同意を得て首相が任命する。また委員会のもとに再就職等監察官がおかれ、再就職に関する調査や再就職後の活動を把握するとされた。常勤の監察官は政令上一名であり、事務局職員も一名である。はたして、この組織体制が十分なものかどうかは、設置時より議論を呼んできた。

さきにも述べたように、従来、各省ともに大臣官房人事課はキャリア組退職官僚の再就職先を確保し彼らの退職後の人事を担ってきた。二〇〇七年の国家公務員法の改正は、大臣官房人事課による再就職の斡旋を禁止した。今後、大臣官房人事課は省内におけるキャリア組官僚の人事のみをおこなえばよい。このかぎりにおいて、一歩前進であるともいえよう。ただし、この法改正には公務員の再就職規制を強化したのか緩和したのか、判然としない要素が残されている。

法案は審議途中から実効性をもたないと指摘されていた。大臣官房人事課に代わって官僚OBによる斡旋システムをつくればよい。もともと再就職先は新規開発を必要とするような性質のものではなく、以前から密接な行政関係を維持しているところだ。大臣官房人事課には数々の求人情報が否応なく入る。特定の官僚の個人名をあげて斡旋するのではなく、OBたちがつくる斡旋システムに「〇〇法人が人を探している」とインフォーマルに伝えればよい――図らずも文科省高等教育局長の早稲田大学への再就職は、こうした非公式な再就職斡旋システムの存在を明るみに出すものだった。

さらに二〇〇七年の改正国家公務員法には、もう一つ「抜け穴」があるとされた。それは退職の迫った公務員が関連団体に現役出向し、そこで退職しその職員ないし役員となるならば（他の団体でもよい）、規制対象とならないことだ。

官民人材交流センターについても法案段階から疑問が提示されてきた。これは退職公務員専用の職業紹介所をつくり、再就職の「透明度」を高めようとしたものとみることができる。だが、日本の官僚機構は縦横な人的ネットワークを築いているのであり、官僚がこのような「官製ハローワーク」で求人票を眺め再就職先を探すわけがないとされた。実際、のちにも述べるが、官民人材交流センターは事実上機能停止状態だ。

このようにみてくると、二〇〇七年の改正国家公務員法による再就職規制は、官庁による再就職斡旋や官僚自身による営利企業等への求職活動を禁止し、再就職した官僚ＯＢの出身官庁への働きかけも規制している。だが、それはかなり外形的規制であって、再就職先を届け出ればよいという点に着目するならば、再就職規制を緩めたといってよいだろう。

2　官僚の再就職に変化は生まれているか

「公表資料」にみる再就職の概要

早稲田大学事件は、二〇〇七年の国家公務員法の改正が第一次安倍政権によるものだけに、政権にとって「衝撃」であったようだ。二〇一七年一月二〇日、首相は全省庁にわたって調査を指示した。同年三月三〇日に松野博一文科相（当時）は省内調査の最終結果を発表し、違法事案は六二件、処分対象は四三人におよぶことを公表した。六月一五日には、内閣人事局が全省庁調査の結果を取りまとめ、少なくとも一二省庁にわたって二七件の違法疑いの事案があると再就職監視委員会に報告した。これを受けた再就職監視委員会は、一二月一五日に内閣府、金融庁、法務省、財務省、文科省の六件を違法と発表した（文科省については松野文科相の報告と重複）。金融庁の件は室長級職員がＯＢを介して職員の退職時期の情報や履歴書、再就職の意思を関係法人に伝えたというものである。内閣府の件は、人事課長が法人幹部に面会し職員の再就職を依頼したというものだ。調査方法が職員やＯＢへの聞き取り調査であったことから、実際には「こんな少数のはずはない」との声が省庁の内部から聞こえるとメディアは伝えた（『東京新聞』二〇一七年一二月一六日朝刊）。

公表された国家公務員法違反の事案が「氷山の一角」であるかどうかはともかく、各省ともに再就職先が手厚く用意されていることは確かだ。

内閣人事局は二〇一七年一二月一九日に「国家公務員法第一〇六条の二五第一項等の規定に基づく国家公務員の再就職状況の報告（平成二九年七月一日～同年九月三〇日分）」を公表した（以下、「公表資料」）。ここには表記の期間における再就職者の氏名、年齢、離職時の官職、再就職先の名称・業務内容、再就職先の地位、承認の有無、官民人材交流センターの支援の有無が記載されている。「公表資料」は同一の名称で四半期ごとに発表されており、詳しくはそれらをみていただきたいが、再就職の状況はどの期もほぼ同一だ。

「公表資料」は、独立行政法人、特定地方警察官（都道府県警察によって採用され警視正（国家公務員）に昇格した者）をふくんでいるが、府省等に限定すると、届出の件数は五九九件、再就職先区分では営利法人が一五九件、自営業が一四七件、公益財団・社団法人が五六件、国または自治体の機関が二八件、学校法人等（医療法人、社会福祉法人、宗教法人をふくむ）一〇件、その他の非営利法人が一五八件、独立行政法人と特殊法人がそれぞれ四件、その他三三件となっている。そして、これらの再就職にあたって官民人材交流センターの「援助」は皆無である。二〇〇七年の国家公務員法改正時の批判が的中していたばかりか、そもそもセンターの設立が「天下り批判」を取り繕おうとするものだったといってよいだろう。

依然として変わらない関係営利企業への再就職

再就職先として一四七件と第三位である自営業の大半は、国税庁職員（税務署長など）が税理士事務所を開業したケースだ。これは一見すると、キャリアを生かした「第二の人生」のように見受けられるのだが、実は税務職員には税理士資格付与の特典があり、また開業にあたって顧客の斡旋が国税庁・税務署によって退職時の職位に応じておこなわれている。この意味で税理士事務所を開業した税務職員OBは、顧客の開発に苦労することはない。また顧客となった法人などは税務処理において税務署への「口きき」を期待しているとされる。実際、確定申告書には作成税理士の氏名記入欄がある。それゆえに、このケースには「隠れた天下り」との批判が従来から絶えない。だが、ここではこのケースは除いておこう。

さて、この「公表資料」を検討すると二つのことが認められよう。一つは依然として営利企業への再就職が多いことだ。もう一つは、特殊法人、独立行政法人、公益財団・公益社団法人、その他の非営利法人といった、官庁外延の法人への再就職が多数を占めていることだ。

第一の営利企業への再就職からみてみよう。「公表資料」からはほぼすべての府省についていえるのだが、とりわけ目立つのは、多くの規制権限を有し民間事業体の監督権限をもつ国土交通省（外局の海上保安庁、気象庁などをふくむ）である。明らかに国交省の業務と関係がある再就職先を記しておくと、JR西日本コンサルタンツ、福岡空港ビルディング、西日本鉄道、商船三井、JR東日本コンサルタンツ、全日本空輸、関西エアポート、名古屋空港ビルディング、日本航空、東洋埠頭などである。離職時の官職は大臣官房付が多い（これは退職間際の公務員人事の一般的慣行）のだが、再就職先企業は鉄道局、航空局、海上保安庁の系列にある事業体だ。

こうした営利企業への再就職をどのように考えるべきだろうか。従来から事業実施上の相談、協議などを繰り返してきた企業側が、職員の人柄や能力を見込んで招いたと「単純に」とらえることができるだろうか。

大学は営利企業ではないが、早稲田大学の一件は官僚の「天下り」問題にとって「古典的」な事象であり、核心を物語っている。元高等教育局長の再就職先である早稲田大学総合研究センターは二〇一四年二月に設立され、センター長は副総長が務めていたものの、元高等教育局長が再就職するまで教授職はいなかった。しかも、職務は学部に出講して著作権法を講義することにくわえて、国の高等教育政策の動向の調査研究、文科省との連絡調整への関与、とされた。後者こそが「本務」だ。最近の文科省の大学教育政策は、大学人ならば多くが知るように、微に入り細を穿った指示にくわえて、巨額の競争的資金を交付し大学をコントロールしようとするものだ。こうした状況に照らせば、大学が高等教育局の高級官僚ＯＢを迎え文科省の動向を他の大学に先駆けてキャッチしようとするのも頷けることだ。一方、文科省は高級官僚の再就職先を確保するとともに影響力を高めようとする。まさに「魚心あれば水心」である。

こうした関係構造にあるからこそ、民間企業への監督官庁からの再就職が絶えないといってよい。もちろん、再就職した職員が離職前の職場に「口きき」をしていると一律に決めつけることはできない。「口きき」以上に企業側にメリットがあるのは、官庁とのあいだにパイプをつくっておくことであり、それによって多様な情報が流れてくることだ。それは裏返せば官庁側のメリットだ。再就職が確保されるとともに、企業情報を入手し監督官庁としての立場を維持することができる。

監督官庁と企業との関係を透明化するとして一九九四年に行政手続法が施行された。行政手続法は許認可等の手続きの標準化ならびに許認可の取消などの不利益処分の手続きをさだめた。さらに日本の官民関係における行政の特質とされてきた行政指導について「官庁側のお願い」であることを明記し、従わないことを理由とした制裁をくわえてはならないこと、相手方の要請があれは責任者を記した文書を交付せねばならないことをさだめた。

行政手続法の施行から四半世紀が過ぎ去っている。この間に許認可権限の整理や規制の緩和が進行した。また当時の大蔵官僚の金融機関による接待スキャンダルなどもあって企業、とりわけ金融関係企業の「ＭＯＦ担」といわれる大蔵省担当社員が、関係部局の職員からの情報取得のために廊下を闊歩する光景はみられなくなった。

一方で、行政手続法のさだめる相手側からのもとめに応じた行政指導の文書交付は、施行後わずかに一件にすぎない。このことは行政指導がなくなったことを意味するわけではない。企業側の人間は「何が行政指導か、かつてのように明瞭でない」という。逆にいえば、だからこそ退職官僚を抱えて情報の取得や官庁側の「意図するところ」を探る必要があるといえよう。

官庁傘下の公益法人などへの再就職

ところで、「公表資料」から読み取れる第二の点、再就職先の多くが各省の傘下にある特殊法人、独立行政法人、公益法人、その他の非営利法人であることに移ろう。ここで「その他の非営利法人」とは、学校法人、医療法人、社会福祉法人、宗教法人を除いた法人であって、法令上の用語を用いるならば一般財団法人、一般社団法人そして一部の法人格をもたない業界団体を指している。

このうち特殊法人への再就職は財務省二件、国土交通省二件の四件、独立行政法人へのそれは文科省一件、農林水産省二件、経済産業省一件の四件である。圧倒的多数は公益財団法人・公益社団法人および一般財団法人・一般社団法人といった非営利法人だ。省別にみると公益財団法人・公益社団法人では、国土交通省二〇件、厚生労働省が一二件、農林水産省七件の順である。その他の非営利法人では、一位は国土交通省が六三件とずば抜けて多く、次いで農林水産省が二二件、厚生労働省が一一件の順となっている。

これらの具体的団体名は「公表資料」に明記されているが、再就職先の公益財団法人・公益社団法人、一般財団法人・一般社団法人は大きく二つのカテゴリーに分類できる。一つは所管省の業務の代行組織だ。そしてもう一つは業界団体だ。とりわけ一般社団法人は業界団体がほとんどだ。このカテゴリーにそって再就職の多い国交省や農水省などの具体例をあげておこう。

まず、業務代行組織としての非営利法人である。国交省関係の一例は公益社団法人燈光会、一般財団法人橋梁調査会、公益社団法人日本海難防止協会、一般財団法人空港環境整備協会、一般財団法人日本造船技術センター、一般財団法人日本舶用品検定協会などだ。農水省関係のそれらは、一般財団法人都市農山漁村交流活性化機構、公益財団法人日本食肉流通センター、公益社団法人米穀安定供給確保支援機構、一般社団法人日本森林技術協会、一般社団法人日本油料検定協会などである。これらはいずれも検査・検定等の業務を受託・代行するとともに、それに関連する調査研究をおこなうものだ。

ところで、日本ではおよそ「業界」といえる程度のまとまりに成長した同一業種の事業者によって、大小さまざまな規模の「業界団体」が形成されている。そして、それら団体は自らの業界に密接な関係をもつ官庁から再就職者を受け入れている。国交省関係の一例をあげれば、一般社団法人日本民営鉄道協会、一般社団法人日本自動車販売協会連合会、一般社団法人日本舶用工業会、一般社団法人建設コンサルタンツ協会、一般社団法人日本道路建設業協会、その他府県別につくられているトラック協会、バス協会などである。一方、農水省関係のそれらをあげるとつぎのとおりだ。公益社団法人中央畜産会、一般社団法人農業土木事業協会、一般財団法人製粉振興会、任意団体の日本マーガリン工業会、日本食肉輸出入協会、全日本菓子協会などである。

これらはほんの一例にすぎない。こうした官庁の傘下にある公益法人などをみるにつけ、官庁の実務分野に応じて設けられたきわめて多数の団体の存在に驚かされよう。さきに官民人材交流センターなど機能するものではないと述べたが、もう少し率直にいえば、官庁にとって官民人材交流センターなど不要なのだ。

3　官僚制組織の外延部の拡大

官庁を頂点としたツリー状の組織

ところで、各官庁が傘下に多数の特殊法人、独立行政法人、公益法人さらには法人格をもたない任意団体としての業界団体（この典型は一九五五年に設立された日本石油連盟）を抱える状況は、いまにはじまったわけではない。

戦後日本の追付き型近代化・高度経済成長過程において、財政投融資資金を用いた特殊法人が、日本道路公団、日本住宅公団、水資源開発公団、日本開発銀行、住宅金融公庫といったように、各省の事業領域に応じて濫設されていった。それらは、二〇〇一年に成立した小泉純一郎政権のもとで進行した特殊法人の整理合理化と財政投融資制度の改革によって縮小をみた。

とはいえ、特殊法人の多くは独立行政法人に衣替えし存続している。独立行政法人は橋本龍太郎政権が一九九六年に設けた行政改革会議の報告を受けて二〇〇一年の行政改革によって発足した。大蔵省印刷局、国立病院、国立博物館・美術館などの各省事業を独立させ、民間事業体に類似した組織に改めたものであり、特殊法人改革の「受け皿」として構想されたわけではないが、実態は特殊法人の「生き残り策」として用いられている。

追付き型近代化が各官庁による業法の制定による市場の囲い込みを基本とした補助、融資などによる政策誘導に特徴づけられるゆえに、多数の業界団体を叢生させた。さらに一九八〇年代初頭の第二臨時行政調査会に主導された行政改革は、許認可等の整理合理化と「民間活力」の活用を掲げた。各官庁はそれに「呼応」するかのように、検査・検定、確認といった許認可事務を周辺に設けた公益法人に代行させた。まさに戦後日本の近代化過程は、行政史としてみれば各官庁が外延部を広げていった歴史である。それらは各官庁を頂点としてツリー状の形状をなしており、現代においてもなお、日本の行政の特徴であるといってよい。

官僚たち（官僚制幹部）は、国務大臣・副大臣・大臣政務官らの政治的任命職（執政部）の指示を受け、あるいは同意を得ながら新たな法律、予算、政令などの委任立法の作成を職務としている。他方で、彼らはこれらの規範にもとづき多数の行政職員を監督・管理しつつ効率的に行政を遂行することを課題としている。

こうした行政の遂行は閉鎖的な組織内部で自己完結することはできない。官僚制組織は外部との日常的接触のなかであるべき政策を判断し、また法令等の具体的な適用を考えていかねばならない。この外部との接触は、顧客集団から情報を取得しているだけではない。それだけでは顧客（利益集団）の虜になりかねない。官僚制組織の主導のもとに事業体としての特殊法人・独立行政法人・公益法人をつくり、そこに官僚OBを役職員として送り込み、情報を取得するとともに実務を一定の方向に誘導することが肝要だ。こうした官僚制組織の論理と行動が、さきに述べたような官僚制組織の外延部の拡大と再就職を生み出してきたのだ。

「底の抜けた行政」と日本的ガバナンス

かつて伊藤大一は、こうした日本の官僚制組織の特徴を「開放的体系」あるいは「底の抜けた行政」と表現した（『現代日本官僚制の分析』）。この構造こそが、官僚制組織のいう政策・事業の「公共性」に批判的眼差しのむけられる要因であるといってよい。

昨今、「ガバメントからガバナンスへ」という言葉、とりわけ「ガバナンス」は政府部門のみならず企業などでもさかんに使われている。また「ガバナンス」を表題とした著作も実に多数にのぼる。もっとも、使用頻度の割に概念内容が明確に定義されているわけではない。「自治体のガバナンス（統治）」「企業ガバナンス（統治）」といった表現が臆面もなく使われるが、「ガバナンス」と「統治」が同一意味内容ならば、わざわざ「ガバナンス」なる片仮名を用いずに「統治」と表記すればよいだろう。

「ガバナンス」なる言葉が登場した背景には、一九九〇年代初頭からのNew Public Management（新しい公共管理）がある。したがって、頻繁に使われている「ガバナンス」の平均的意味内容は、政府をふくむ各アクターが相互に協力的な関係を結び公共問題に携わっている状況、あるいはそういう関係を築くべきという規範論である。だが、こうした意味の「ガバナンス」は、誤解を恐れずにいうならば、まさに日本の官僚制組織の構造そのものだといえよう。問題なのは解決すべき公共的問題の内実が省益に仕切られた「公共問題」であり、そこに行政の責任が問われることだ。

早稲田大学をめぐる事件が図らずも明らかにしたのは、たんなる国家公務員法違反問題ではない。日本の官僚制組織の構造そのものである。官僚制組織とそれとの共同体というべき外延組織の関係をいかに整序するかが、追究されねばなるまい。

第3章 「有識者会議」の濫設が意味するもの

一九八〇年代に長期政権となった中曽根康弘政権時代にマスコミを賑わせたのは、「私的諮問機関」という言葉だった。首相のもとばかりか省庁の局長レベル、はては自治体でも私的諮問機関が濫設された。「私的」というから、なにやら行政の長の、まさに私的な勉強会のような印象が残るが、国家行政組織法第八条に設置の根拠をもたない諮問機関であった。

二〇〇一年の行政改革によって新設された内閣府は、国家行政組織法の枠外の行政機関とされた。それゆえ、いわゆる審議会は、内閣府本府におかれるものは内閣府設置法第三七条、外局におかれるものは第五四条を基本的根拠とし、省におかれるものは国家行政組織法第八条を基本的根拠として、それぞれ法律ないし政令で設置される。他方、私的諮問機関は要綱などで設置できるから、それだけ機動的に設けることができる。委員の人選も政権や官僚機構の自由裁量にゆだねられる。

昨今では私的諮問機関という言葉が新聞紙面を飾ることは少ない。代わって登場しているのは「有識者会議」である。いつごろから呼び名が変わったのか定かでないが、ここ六、七年のことではないか。いずれにしても、有識者会議の法的性格は私的諮問機関と変わらない。集団的自衛権の行使や首相の

「戦後七〇年談話」の検討、天皇退位と皇室典範の整合性、のような高度に政治的な問題から不祥事への対策まで、実に多種多様な分野に有識者会議が設置されている。そんなに細かな分野に精通した有識者が多数いるのか、「有識者会議」ではなく「利害関係者会議」ではないか、と皮肉の一つもいいたくなる。

ともあれ、有識者会議全盛の時代である。官僚制組織はなぜ有識者会議を必要と考えるのか。委員の人選は妥当なのか。有識者会議の活用は官僚制組織の自律性を損なうものではないのか。多くの疑問が生じる。

1　薬害エイズ事件と有識者会議——いまに教えるもの

血友病治療薬としての非加熱血液凝固製剤

若い世代にとって薬害エイズ事件は同時代史ではない。とくに一九八〇年代初頭に類例をみない免疫不全症の患者の発生が社会の関心を集めたことは、ほとんど知らないだろう。けれども、有識者会議という言葉が踊るなかで、それらと行政の責任を考える有力な素材は、多くの被害者を出した薬害エイズ事件への厚生省（現・厚生労働省）の対応にもとめられるように思える。

一九八二年七月から八四年七月まで厚生省薬務局生物製剤課長であった郡司篤晃（その後、東京大学医学部保健学科教授、聖学院大学教授）は、血友病患者に使用されていた非加熱血液凝固製剤の危険性を認識しえたはずであるとされ、薬害エイズ事件の責任者の一人とされている。彼は二〇一五年九月に逝去したが、筆者は九〇年代に当時彼が勤務していた国立公衆衛生院をはじめとして、地域保健のあり方を考える場をともにした。彼の逝去後、遺作となった『安全という幻想――エイズ騒動から学ぶ』を読んでみた。もの足りなさは感じるが、けっして事件への自己弁護の著作ではない。医系技官としての心情が伝わってくる書である。とはいえ、郡司もふくめた厚生省官僚機構と外部の知識人（有識者）との関係を、あらためて考えさせられる著作である。『安全という幻想』で描かれた官僚機構の思考や行動が大きく変化していない、否、一段と病理を深めているのではないか、とも思えるのである。

免疫不全症候群が大きな社会的関心を呼び起こすようになったのは、一九八一年頃からである。それは同性間、異性間の性交渉に起因する感染ばかりか、血友病患者からも発生していることが疑われだした。

一九八二年七月、アメリカ連邦保健福祉省公衆衛生局の付属機関である国立防疫センター（CDC）は、「目下調査研究している仮説とは、この因子が肝炎ウイルスと同様に血液製剤を介して伝播するウイルスかもしれないというものです」との警告を、血友病患者の団体である全米血友病財団（NHF）に発した。こうしたアメリカにおける動向を郡司生物製剤課長に逸早く知らせたのは、郡司の東京女子医科大学助教授時代の上司である村上省三であった。村上は八三年一月に東京女子医大図書館で『ニューイングランド・ジャーナル・オブ・メディシン』一月一三日号に眼を通し、「CDCの報告はエイズ患者中に、三名の血友病患者をふくんでいる」との記事を発見した。事の重大さに驚いた村上は、八三年二月、郡司に手紙と記事のコピーを送った。これ以前に郡司をはじめとする厚生省薬務局はもとより他の部局の官僚が、HIVと血友病に関する情報を得ていたとの証拠は見出されていない。村上はその後も郡司にアメリカにおける情報を送り続けた。

ここから郡司をはじめとする生物製剤課の血友病患者に投与している非加熱血液凝固製剤の「安全性」に関する検討がスタートする。八三年六月、郡司課長は昭和五八年度厚生省科学研究費補助金を用いて「血液研究事業・エイズの実態把握に関する研究班」（以下、「エイズ研究班」）を設けた。班長に就任したのは、帝京大学医学部教授で血友病の「権威」とされる安部英（たけし）だった。『安全という幻想』によれば、郡司課長サイドからの就任依頼ではなく、安部英からの「売り込み」とされている。

実は、村上から郡司への情報提供以前に、安部英は八二年一一月二三日に東京在住の血友病患者と家族がつくる「東京ヘモフィリア友の会」で講演し、「その売る人はどういう素性の人か。その人たちはどういう病気にかかっているか、ということが、私にとって大変重大なのです」と語り、アメリカの売血に依存した非加熱血液凝固製剤の危険性についてふれている。このことは安部英がアメリカにおけるCDCの研究動向を知っており、自ら使用している非加熱血液凝固製剤への危惧を強めていたことを物語っていよう。したがって、生物製剤課の動向を聞きつけた安部英が、もともとつながりのある生物製剤課に自らを売り込んだこともうなずける。

エイズ研究班にくわわった医師は、安部英を除いて血友病の専門家ではなかった。設置段階では類例のない免疫不全症を多角的に研究しようとしたのであろう。ところが、研究班の第二回会議は、生物製剤課が用意したとされるメモにもとづき議論した。そこにはこの問題を「感染症対策として扱うのか、血友病治療対策として扱うのか」と記されていた。そして議論のうえ血友病治療対策として扱うことが決定された。

利害関係者が引き起こした薬害エイズ事件

エイズ研究班にくわわった医師のなかで血友病の専門家は安部英のみだった。そこで研究班のもとに血液製剤小委員会がつくられた（八三年八月）。これは一一名の委員からなるが、そのうちの八名が血友病の専門家であり、小委員長の風間睦美は帝京大学医学部教授であり、東京大学医学部時代から安部と師弟関係にあった。さらに八名のうち五名は、安部の主宰する家庭療法促進委員会のメンバーであった。家庭療法とは、受診している医療機関からの依頼の形をとって、製剤メーカーが患者に直接薬剤を宅配便で送り、患者自身が投与するしくみである。この家庭療法には八三年二月一日に健康保険が正式に適用されている。

誰が小委員会委員の人選にあたったのかは、依然として明らかでないし、『安全という幻想』でも述べられていない。ただし、結論から推測すれば安部英のイニシアティブであったのは間違いないだろうし、郡司課長らの生物製剤課は「血友病治療対策として扱う」というエイズ研究班の決定から小委員会の設置・メンバーの人選にいたるまで、安部英に異論を挟まなかったといってよいだろう。

血友病治療薬である非加熱血液凝固製剤とエイズとの関連性について検討した小委員会は、今日いう

「有識者会議」であったといえよう。しかも、さきに皮肉を込めて「利害関係者会議」といったが、非加熱血液凝固製剤のユーザーである血友病専門医を中心とした小委員会は、たんなる専門知識をもつ有識者ではない。加熱血液凝固製剤への転換の準備が遅れていた国内最大の血液製剤メーカーであるミドリ十字に配慮する「利害関係者会議」であったといってよいだろう。

薬害エイズ事件を深刻化させた要因は、けっして一つではないだろう。そもそも、ミドリ十字は厚生省薬務局長や幹部ＯＢを社長や東京支社長に迎えていた。言い換えれば、薬務局幹部の「天下り」先だった。こうした背景をもとに官僚機構は、これまたミドリ十字と密接な関係をもつ安部英および小委員会の血友病専門医にひきずられていったのだ。その意味で、郡司課長らの生物製剤課の責任は重い。ＨＩＶウイルスに汚染された非加熱血液凝固製剤が血友病患者に（のちに肝炎患者にも）投与されたが、利害関係者である血友病専門医は、非加熱血液凝固製剤の使用禁止を打ち出すことはなかった。

厚生省にはウイルスや感染症を担当する部局が存在するし、また国立感染症研究所（当時伝染病研究所）も存在する。だが、全省的取り組みはおこなわれず、生物製剤課は問題事象への対処を囲い込んだのだ。組織単位に密接に関係する有識者を集め、その意向を重視した意思決定は、視野の狭窄＝行政責任の欠落につながらざるをえない。

薬害エイズ事件についての厚生省の対応に関しては、より多くのことを論じなくてはならない。だが、官僚機構と有識者会議との関係について以上のことからいいうるのは、重大な問題事象の解決を図るために組織外部の有識者の知見や経験を借りるにしても、その有識者なる者が検討対象である問題事象にいかなる利害関係をもっているのかを吟味せねばならないことだ。それは実は所管課のみでは不可能なのであり、全省的な判断を必要としよう。また、官僚機構は行政の実施を通じて各種の情報を得ているばかりか、省の付属機関として研究所を設置しており、科学・技術上の知見が集積されているはずである。部局を越えたリソースが活用されないならば、「有識者会議」が「利害関係者会議」となってしまうのも当然である。

2　能力の低下か、責任の回避か——二つのケース

偽装杭打ち事件と国土交通省

さて、有識者会議が大流行（おおはやり）の現代。未知の病という新たな問題状況への対応と異なり、従来数々の危険性が指摘されていた事態の発覚を受けて、急遽、有識者会議を設置し対策を検討するといった動きが顕著だ。

なかでも一つの典型は、二〇一五年九月一七日に住民からの通報を受けて発覚した、横浜市都筑区のマンション傾き事件＝偽装杭打ち事件への国土交通省の対応であるといってよいだろう。もともと、住民の通報に先だつ二〇一四年一一月に、隣り合う二棟の建物のジョイント部分に約二センチメートルの段差があることが明らかになっていた。国交省は二〇一五年一〇月二七日に、「基礎ぐい工事問題に関する対策委員会」という名称の有識者会議を設置した。委員長は深尾精一・首都大学東京名誉教授であ

ずれが見つかった横浜・都筑区の大型マンション（2014年10月，写真提供　毎日新聞社）.

り、他に八名の委員から構成された。深尾委員長をふくめて六名が工学系の大学教授であり、二名が弁護士資格をもつ法学部・法務研究科教授である。そして残りの一名は、国交省の付属機関である国立研究開発法人建築研究所の理事である。

国交省が偽装杭打ち事件の発覚に驚きあわてたことは、誰もが想像できる。それが急遽の調査委員会設置につながったのであろう。とはいえ、この有識者会議はいったい、なんのために設けられたのだろうか。あわてて有識者会議を設けなくてはならないほど、国交省には問題解決能力が欠けていたのだろうか。

二〇〇五年の「姉歯事件」（一級建築士である姉歯秀次による耐震強度構造計画書の偽装事件）を受けて建築基準法の規制は強化された。そのため建設業界からは工事遅延の苦情が巻き起こった。そこにリーマンショックが重なったために、業界からは苦渋をなめさせられたという「恨み節」がつぶやかれた。だが、建築行政の改革は「姉歯事件」の処理でストップしたままであったといってよい。

今回の横浜での事件、その後につぎつぎと発覚した偽装杭打ちは、施工した末端業者のモラルの問題として片づけられるだろうか。マンション建築行政と業界の構造的問題ではないのか。マンションは個人住宅と違ってあらかじめ各戸の所有者（入居者）が決まっていない。建築発注者（販売業者）が完成以前に「青田売り」する。元請け施工業者は工事契約書に記された工期内の完成を義務づけられる。彼らは二次・三次下請け業者にはっぱをかける。元請け業者は工事管理料収入で「優雅に」すごせても、下請け業者は工期を順守せねばならない。今回のような大規模な偽装でないにしても、さまざまな技術的「無理」を強いられる。こうした状態は、建設事業の関係者が等しく指摘していたことだ。

「基礎ぐい工事問題に関する対策委員会」は、設置から二ヵ月後の二〇一五年一二月二五日に「中間とりまとめ報告書」を公表した。このなかで施工体制の問題として、元請けが下請けに是正指導をおこなっていなかった、一次下請けは主な工事を再委託し、二次下請けと企画・調整をおこなっていなかった、一次下請けも二次下請けも現場の主任技術者が他の現場と兼務していた、などを指摘した。そのうえで、施工ルールの策定と現場への導入などを提言した。

だが、この程度の問題点の指摘と提言のために有識者会議をもつ必要があるのだろうか。建設事業の関係者の知ることとは、国交省官僚機構には周知のことだろう。国交省には業者と接触しつつ建設行政の実態をみてきた事務官もいれば、多数の技術官僚も存在する。調査委員会に一名くわわっているが、付属の建築研究所と研究者も存在する。本来、有識者会議を設置せずとも自らで十分に対応可能であるはずだ。

有識者会議の設置は過去の不作為への取繕いなのか、それとも営々と建築行政を担ってきた官僚機構の能力の低下を物語っているのだろうか。問題の発覚直後に有識者会議を設置し、わずか二ヵ月、六回の会議で原因と対策をまとめたことからいえば、明らかに不作為の取繕いだったといってよいだろう。「中間報告」の原案の作文は、官僚機構が担ったのは目にみえている。この意味でいえば、官僚機構はいずれ偽装杭工事事件が発生すると恐れていたのではないか。しかし、不作為を重ねた。国交省への社会や政治の批判が燃え上がるまえに事件の原因究明のポーズをとったのだ。だが、この根底にあるのは、社会的問題事象への応答能力の欠如であったといえよう。豊富な人的資源と情報を抱えていても、社会の動きに敏感に反応するアンテナをもっていないならば、行政の責任への自覚は生まれないといわねばなるまい。

問題を放置した果てに——職業紹介事務の改革

なぜ、有識者会議を必要とするのかについて考えさせられる事例は数多い。政府（内閣府）の地方分権有識者会議は、二〇一五年一一月二〇日、ハローワーク（公共職業安定所）と自治体の連携を強化するために、自治体が無料職業紹介をするばあいの厚労省への届出を不要とすることにくわえて、都道府県知事が実際上都道府県の組織としてハローワークを活用できるしくみづくりを検討するよう報告をまとめた。

　実は、この問題は「失われた一〇年」といわれた一九九〇年代から自治体サイドより提起されてきたことである。そして、二一世紀に入り非正規就業者が四〇％を超えるばかりか、主として女性の一人親世帯の増加、さらに中・高齢層が離職するなかで、職業紹介が住民に身近な政府である自治体で迅速に対応できないことが問題視されてきた。いわゆるワンストップサービスとして自治体が職業紹介の第一線に立つことの重要性は、さきの建築行政と同様に、厚生労働省には認識されていたはずである。だが、厚労省は職業紹介・就業斡旋が国民国家（National Government）の責任というＩＬＯ条約の規定を盾にとって重い腰をあげなかった。ＩＬＯは国民国家といっているのであって、中央政府（Central Government）といっているのではない。

　二〇〇〇年四月の第一次地方分権改革まで職業紹介事務は地方事務官制度のもとにおかれてきた。身分は国家公務員だが労働大臣の下級機関である都道府県知事の指揮監督のもとにある地方事務官によって事務処理された。機関委任事務制度の全廃を受けて、この変則的な制度をどのように扱うかは、当時の重要な論点だった。結局、地方事務官制度は廃止され、職業紹介事務は中央の直轄事務とされた。こうした経緯があるだけに、自治体とりわけ都道府県は、職業紹介事務の全面的移管をもとめてきたのである。

　さきの有識者会議の報告を機として改正職業安定法が二〇一六年八月に施行された。この結果、自治体の窓口でハローワークの求人情報を紹介できるようになった。厚労省への届出は不必要であり紹介は無料だ。ハローワークと自治体間で情報が的確に共有されるかどうかが課題とされているものの、職業紹介行政にとって一歩前進であることは事実だ。だが、厚労省は当然のことだが、二〇〇〇年の第一次地方分権改革の経緯や就業構造、労働者の就業実態などについて情報をもち分析しているはずである。外部の「有識者」に解決の道を提言してもらわなくとも、自らの能力で政策のイノベーションを提起できるはずだ。このケースでの有識者会議は、厚労省ではなく内閣府が設置したものだが、社会保障や労働行政の専門家集団としての気概はどこにいったのか。権限の維持に固執し改革への気概をなくした集団に、責任ある行政はなしえないといわなくてはなるまい。

3　官僚制組織の生き残りのために

新自由主義の嵐と労働政策

これまでみてきた有識者会議は、問題状況を熟知しているにもかかわらず自らの権益を維持するために不作為を重ね、その結果招来した事態にあわてて設置されたものといってよい。だが、官僚機構による有識者会議の設置は、自らにとって「邪魔者」を排除するために用いられることもある。

厚労省は二〇一六年七月に「働き方に関する政策決定プロセス有識者会議」を設置した。座長は小峰隆夫・法政大学大学院教授であり、一三名のメンバーからなる。会議の名称だけをみれば、労働・就業についての多様な社会的ニーズに応えうる政策決定のしくみを追究するもののようにみえる。ところが、この有識者会議の主たる目的は、新自由主義というよりは市場原理主義路線をひた走る安倍政権の存在を奇貨として、労働政策審議会の権能に制限をくわえようとするものといえよう。

労働政策審議会（労政審）は、旧労働省時代から設けられてきたが、現在の労政審は厚生労働省設置法第六条第一項によって設置されており、厚労相の諮問機関として労働政策に関する重要事項を調査審議し、厚労相はじめ関係機関に意見を述べることをミッションとしている。委員の構成は厚労省設置法の政令である労働政策審議会令にさだめられているが、公益代表、労働代表、使用者代表それぞれ一〇名である。また労政審には分科会・部会が多数設けられており、このばあいにも委員は公労使同数とされている。ただし、障害者雇用分科会には障害者代表がくわわっている。

このように労政審は大規模な審議会であり、しかも公労使の三者構成を基本的組織原則としていることもあって、以前から「スピード感に欠ける」「公益委員は労使の仲裁役になりがちで政策形成を主導していない」「労働代表、使用者代表ともに産業構造や就業構造の変化を反映していない」といった批判が展開されてきた。

たしかに、字面のみをみれば、「ごもっとも」といってよいところもある。だが、こうした批判をくわえる者の依って立つ利益をみないわけにはいかないだろう。とりわけ「スピード感に欠ける」は、使用者側さらにそれに同調する政治家から頻繁に語られる。労働者側委員と公益委員の合意が意思決定に必要とされている実態は、使用者側・経済界には「旧臘」な会議体に映るだろう。とはいえ、その改変は労働者の権利を保障する労働法制を損ないかねない要素をはらんでいる。

労働政策審議会の換骨奪胎

ところが、このような「スピード感に欠ける」という批判は、第二次安倍政権の登場以降、経済界から公然と語られるどころか、政権そのものが労政審を基本とした三者合意を労働規制の緩和を阻む「岩盤」とみなし、「トップダウン」で労働政策を決定していこうとする指向を強めた。第9章「過労死を防げぬ労働行政」でも言及するが、安倍政権は「働き方改革実現会議」という首相直属の有識者会議を設け、そこに労働政策の専門家とはおよそいえないタレントをも集めて、政権主導で労働政策の決定をおこなおうとしている。

こうした政権（官邸）主導の労働政策の決定は、厚労省官僚機構にとっては、本音のところで看過できるものではない。旧労働省以来、厚労省は労働者側・使用者側の協議と同意という一種のコーポラティズム的政策決定プロセスをバックグラウンドとして、労働政策に影響力を行使してきた。しかし、国際・国内の経済状況は激動をきわめており、公労使三者をベースとした労働行政に限界をみていることも事実だろう。さりとて、厚労省は政権の主導を傍観していたのでは自らの衰退を招きかねない。それだけではない。厚労省への衣替えからすでに二〇年近い時間が経過するが、依然として旧労働省グループは省内で「傍流」だ。その意味で、厚労省官僚機構とりわけ旧労働省グループにとっても、「スピード感」ある労働政策の立案のために、労政審の改革が必要とされていたのである。

「働き方に関する政策決定プロセス有識者会議」は、五回の審議を経た二〇一六年一二月一四日に報告書を公表した。そこでは労働政策と労政審の今後について、つぎのような方向を示した。

ＩＬＯ条約で要請されている事項（最低賃金制度の運用、職業安定組織の構成や運営、雇用保険制度など）と中央レベルでの労使交渉的側面のある労働条件など労使を直接縛る法律などの制定・改正については、公労使同数の三者構成による現行の部会・分科会で議論することが適切である。だが、これ以外については、審議会のもとに労働政策基本部会を設け議論する。基本部会は三者構成をとらずに高い識見を有する者から選任する。このほかにも、データやエビデンスにもとづく議論の必要性や多様な意見を反映させた労働政策の決定が提起されている。

だが、「労働政策に関するほとんどの法律の制定・改正を労政審で議論するということは、ＩＬＯ条約で要請されているものを除くと……慣行的に行われているものである」とされたように、報告は労政審を労働政策基本部会なる有識者会議に実質的に衣替えしようとするものであるといってよい。この報告書の原案の作文も厚労省の官僚によるものだろう。実際、「報告書案について」が議題とされたのは最終回のみである。その意味で厚労省の本音が有識者会議の報告という形をとりながら率直に語られているといってよい。

厚労省は政権と同一の手法である有識者会議＝労働政策基本部会に議論を集約することによって労働行政の基幹組織として生き残ろうとしているのだろう。だが、基本部会の委員人選は官僚機構の裁量だ。そのあり方いかんによっては、新自由主義に傾斜した雇用政策が濃厚となっていこう。そもそも、データやエビデンスにもとづく労働政策というが、二〇一八年の働き方改革一括法案の根拠とされた、裁量労働の方が一般労働より労働時間が短いというデタラメな統計は、厚労省が作成したものだ。有識者会議の委員のなかからは、労働者の権利の擁護を基軸として、労働政策基本部会の設置に疑問は提起されなかったのだろうか。もっとも、従来から指摘されてきたように、異論を挟む有識者が任用されるはずがないといってしまえば、それまでなのだが……。有識者会議を「ご都合主義」的に設ける官僚機構のあり方とならんで、有識者会議委員の見識が問われるといわねばならない。

* * *

エイズ研究班とりわけ小委員会と厚生省生物製剤課の関係にはじまり、昨今の有識者会議と官僚機構の関係をみてきた。ここでとりあげた有識者会議は、全体のごく一部でしかない。だが、共通していえることは、問題解決にあたる官僚機構の消極的姿勢だ。

現代政治・行政は大規模かつ精緻につくられた官僚機構の活動に支えられている。官僚機構の病理をつぎつぎとあげて存在の不必要さを論じるのは簡単だが、それではこの大規模社会は機能しない。官僚機構に問われるのは、社会の問題状況を把握するとともに、行政の現場から起きている問題提起を受け止め、政策のイノベーションを果たす——少なくとも改革の方向性を積極的に提示することである。

もちろん、官僚機構自体には政治的代表性も正統性も備わっていない。だからこそ、官僚機構による作業はそれぞれの機構の頂点に政治部門をいただいているのである。逆にいえば、官僚機構は自らの問題認識や政策イノベーションの方向性を政治部門に説明するとともに、政治部門の指示を受けて修正することによって、社会に問題提起すべきなのだ。いつから日本の官僚機構は能動性、自律性を失ってしまったのか。

政策や事業の実施にあたって外部の知見を必要とするケースも多い。それ自体は官僚機構の「独善」を避ける手段でもある。とはいえ、それはまず人的資源においても情報量においても卓越した官僚機構が、問題解決に積極的に立ちむかったうえでのことだ。有識者会議の濫設は、市民の行政への信頼性を損なうことに、官僚機構は気がつかねばならないのだ。

第Ⅱ部　政策の公共性と行政の責任

第4章　夢破れ「惨禍」が残る法科大学院——責任はどこに？

「行政の失敗」は以前から多様な分野で指摘されてきたが、官僚機構はそれを認めずに取り繕ってきた。それがまた不要な事業との批判につながる。だが、これほど短期間に誰の眼にも「失敗」が明らかになったケースは、近年そうそうないのではないか。いうまでもなく法科大学院のことだ。

二〇〇四年四月、全国六八大学（国立二〇、公立二、私立四六）で法科大学院がスタートした。ピーク時の二〇〇五年には七四校だった。だが、二〇一八年度に学生を募集した法科大学院は三九校である。文部科学省はさすがに法科大学院の設置認可が「失敗」であったと公的に認めているわけではないが、二〇一三年から法科大学院の組織的見直しを促進するとして、「公的支援の見直し強化」を掲げている。ようするに司法試験合格者数が思わしくなく、それゆえに受験者数が減少の一途にある法科大学院の廃止、統合、学生定員の縮小などを、補助金を通じて図ろうとしてきた。華々しくというよりはむしろ「狂想曲」のごとくスタートした法科大学院は、すでに多くが退場し、残った法科大学院もごく一部を除いて「存立の危機」にある。

「自助」「自己努力」「自己責任」が日増しに強調される昨今の政治・行政だが、機能停止状態に落ち込んでいる法科大学院の惨状は、大学院側の「自己努力」の欠如のみが原因だろうか。法科大学院は大学が自由に設立できるわけではない。七四校もの法科大学院が認可され、学生の夢を砕いた責任は、いったい、どのように考えるべきだろうか。

1　法科大学院設置フィーバー

「混声合唱」の法科大学院構想

法科大学院の設置が具体化しだしたころ、筆者は立教大学法学部のスタッフであった。法学部教授会は毎回のように法科大学院の開設を議題としたが、異様な雰囲気だった。学部長は、ここで法科大学院の設置に乗り遅れたら、法学部の存立どころか大学の将来にかかわると熱弁をふるった。実定法分野のスタッフもまた、つぎつぎと学部長の発言に同調していった。法学部のミッションは法曹養成にあるのではない。法とはなにか、政治とはなにかといった教養を身につけた市民を育てることだ。司法制度改革審議会や文科省のいう法科大学院構想は、少数の法曹エリートを育てるだけで司法改革に通じるものではない。こうした異論はまったくの少数派だった。

こうした情景は当時筆者が勤務していた大学のみではなかっただろう。設置を考える私立大学は、競ってホテルで文部科学省の官僚を招いたシンポジウムを開催し、法科大学院の意義や設立の意欲をアピールした。文科省の官僚も専門職大学院としての法科大学院の意義を滔々と述べた。続いて懇親の場をもった。飲食に応じる文科官僚を傍からみていて公務員倫理法は大丈夫なのか、と思ったものだ。

法科大学院構想は一九九七年秋に自民党の司法制度特別調査会で検討され出し、九八年六月に同調査会は「二一世紀の司法の確かな指針」という報告書をまとめた。これを受けて文部省（現・文部科学省）の大学審議会が法曹養成のための専門教育のあり方について検討を開始し、同年一〇月に法曹養成の専門教育課程を修了した者に法曹への道が「円滑」に拓ける制度（ロースクール制度）が提言された。その後、文部省大学審議会のみならず法曹を輩出してきた主要大学でも日本型ロースクール構想が提起されていった。

小渕恵三政権は九九年六月に司法制度改革審議会（会長・佐藤幸治）を設置したが、法科大学院の創設はその重要な検討課題とされた。同審議会は二〇〇一年六月一二日に小泉純一郎首相に提出した「最終意見書」において、法科大学院による法曹養成を提起した。それは法曹人口の大幅増員（二〇年以内に現在の倍以上の五万人）のために、法曹養成に特化した教育をおこなう法科大学院を二〇〇四年度から開設すべきだとした。

司法制度改革審議会の「最終意見書」なるお墨付きを得た法科大学院は、設置にむけて一挙に動きだす。とはいえ、これが登場してきた背景は、たんに法曹人口の不足にあったのではない。国家試験のなかで最難関試験といわれる司法試験受験者の多くは、受験予備校に通い過去の問題を素材とした受験技術のみを学んでおり、法曹としての素養や知識に欠けていると指摘されてきた。私立大学のなかには正規の教育課程とは別に大学が支援する受験勉強団体がつくられ、卒業生法曹や一部の教員が受験指導にあたっていた。

こうした状況は民法や刑法、訴訟法などの実定法分野の研究者からみれば、法学部教育の形骸化＝危機と映る。この失地回復のために新たな大学主導の法曹養成組織を必要とするとの声が高まった。また、経済界からは、折からの経済のグローバル化に応えられる国際的視野と訴訟の学識をもった法曹の必要性が説かれた。弁護士界（日弁連）のこの問題にたいする姿勢は流転するが、司法制度改革審議会には委員として中坊公平（元日弁連会長）がくわわっており、法曹一元化の実現にむけた法曹人口の増員への期待があったのは事実だ。「混声合唱」のような状況だったが、小林正啓がいうように「政治家（自由民主党）と官僚（文部省）と当事者（大学）が一致団結すれば、国家制度の創設はかくも容易である、という見本のような展開」（『こんな日弁連に誰がした？』）だった。

「バスに乗り遅れるな」

司法制度改革審議会の「最終意見書」を踏まえて、大学・大学院の認可権限をもつ文部科学省は、法科大学院の枠組みをさだめた。法科大学院は少人数教育を徹底し法理論とケーススタディによる実務教育をおこなうこと、教員配置基準は学生一〇人に教員一人とすること、法科大学院の教育課程は法学部卒業者については二年（法学既習コース）、それ以外の学生については三年（未習コース）とすること、未習コースの学生定員を全体の三割以上とすることなどが骨格である。

一方において、法科大学院の出口つまり司法試験合格者数については、思惑が入り乱れた。司法試験合格者数を法科大学院修了者の七割から八割とするという構想が打ち出されたかと思えば、三〇〇〇人といった数値が明確な根拠なく語られた。司法制度改革審議会のいう「法曹人口の大幅増員」が独り歩きをはじめた。

法学部をもつ大学ばかりか文系学部のなかに法学科（名称は多様）を設けている大学までが、「バスに乗り遅れるな」と設置に躍起となった。名乗りをあげた大学のほとんどが、過去に司法試験合格者を送り出したことがないか、あったとしても七、八年に一人といった大学であり、さらにはまったく新たに法科大学院を設置するところまであらわれた。当然、専門職大学院としての体裁を整えなくてはならないから、法律学者ならびに法曹実務家の引き抜き合戦が激しさを増した。受験生にアピールするために新たな校舎を建設したところも少なくない。大学とりわけ私立大学経営者はこんな短期間に投資に影が射すとは考えていなかったに違いない。

大学が将来への洞察を欠き演出した法科大学院フィーバーといえばそれまでだが、初年度である二〇〇四年度入試の全国平均競争率は、実に一三倍だった。約五八〇〇人が合格したが、このうちの半数が社会人であり離職したうえでの入学だった。しかも多くはかつて法学教育を受けた経験をもっていない。法学既習者は二〇〇〇人ほどだった。志望者・合格者の多くは弁護士志望なのだが、弁護士はよほど高収入の専門職業人とみなされていたのであろう。筆者は千葉大学の法経学部長時代に学部入試のガイダンスに同伴してきた幾人もの保護者から「ロースクールに進学できますか」と質問され、辟易したものである。

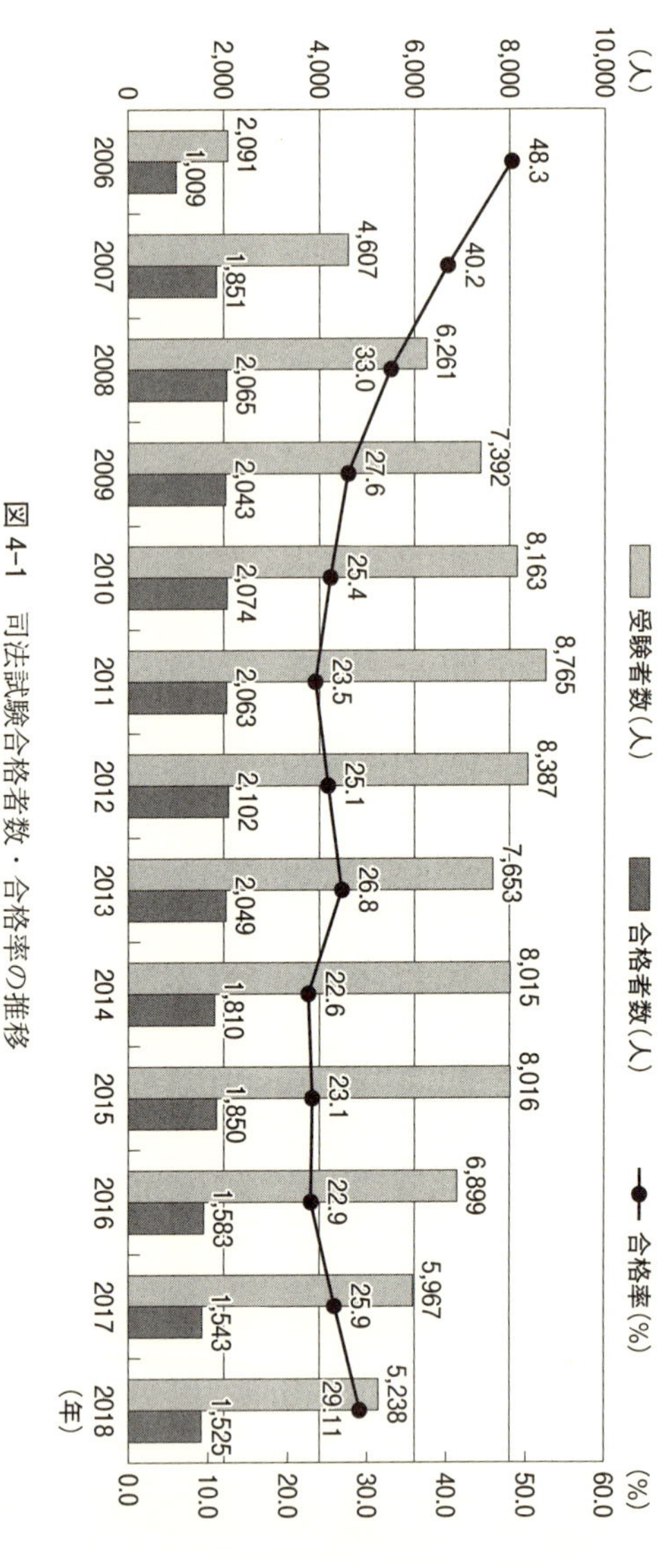

図 4-1　司法試験合格者数・合格率の推移

注）1. 2006 年から 2011 年の合格者数は，新司法試験と旧司法試験の合計数．2012 年以降は新司法試験による合格者数．
　　2. 2018 年の合格者 1,525 人のうち 336 人は予備試験を経た合格者．同じく 2017 年の合格者 1,543 人のうち 290 人は予備試験を経た合格者．
出典）『弁護士白書 2017 年版』日本弁護士連合会，2017 年 12 月．2018 年の数値を加えてある．

司法試験は旧試験との併存にピリオドが打たれ、二〇一二年から法科大学院修了を基本とした新司法試験（以下、司法試験）に一本化された。司法試験合格者数は二〇一二年に二一〇二人、一三年に二〇四九人と当初は二〇〇〇人を超えていたが、一四年に一八一〇人となり、このところほぼ一五〇〇人台である〔図4-1〕。文科省が必死になって補助金を手段に法科大学院の削減を図る以前に、私立大学を中心として司法試験合格者を輩出できずに、それゆえに入学志願者が激減するならば、閉校に追い込まれるのは当然のことである。しかし、それを「当然」といって済ますわけにはいくまい。

2　法科大学院設置後の混乱

七四校を認可した文科省は教育行政機関なのか

大学・大学院の設置はもとより学部・学科の新設の認可申請にかかわったことのある大学教員には周知のことだが、文部省の地下の殺風景な部屋で待たされ、スピーカーを通じて階上の会議室に呼び出される。担当官（係長級）は微に入り細を穿った意見をいう。「この人物が教授ですか。せいぜい助教授といったところではないか」等々……。実に不愉快にさせられた。設置申請した大学側は、けっして安易に人選したわけではない。経歴、業績さらに人柄を丁寧に考慮した結果である。大学設置審議会にかかる前段での内審査は、文部官僚の「権威」を誇りたいためなのか、きびしかったのが実態だ。はたして、文科官僚は法科大学院の設置申請をきちんと審査したのか。司法制度改革審議会の「最終意見書」さらに政権の意を忖度し、申請をそのまま認めたのではないのか。

文科省は法科大学院の組織的見直しを進めるとして、司法試験の累積合格率、法学未修者の直近の司法試験合格率、法学系以外の課程出身者の直近の入学者数と割合などを基準として、補助金の配分を決

模擬裁判で裁判員体験（東北学院大学法科大学院）．学生紛する検察官と弁護人が意見を戦わせる（写真提供　朝日新聞社）．

めるとした。補助金の削減のみが理由ではないにせよ、閉校に追い込まれる法科大学院が続出した。しかし、法科大学院が「期待」された目的を果たしていないとして組織の廃止をふくむ措置を掲げる文科省に問いたいのは、七四校をも認可した責任をどのように「総括」しているのかだ。もっというならば、司法制度改革審議会の「最終意見書」や政治のお墨付きがあったにせよ、教育行政を担う政府機関として、法科大学院のあり方を熟考し審査したのか、である。

文科省にかぎらないが、日本の官僚機構は「鳴り物入り」で事業の実施を推奨し、それが「失敗」におわったとき、事業の廃止・縮小を打ち出すものの、「失敗」の責任を語ろうとしない。そこに「官は無謬、民の努力が足りない」といった伝統的思考の残滓をみるのは、筆者のみではないだろう。

もともと法科大学院には、多くの懸念がともなっていた。第一に、国立大学でも授業料は年八六万円（二〇一八年度）だが、私大は二〇〇万円も珍しくない。未習コースで三年間の諸費用を入れれば一〇〇〇万円も要する。これだけの学費を支払える学生は、明らかにある水準以上の資産のある家庭の子どもにかぎられる。社会人経験を経て入学を志すのも容易ではない。実際、わずかな蓄えをはたいてという学生も多かった。有能かつ多様な法曹の養成がいわれながらも、これでは人間の心の機微や紛争の社会的背景に心およばない「無邪気なエリート」を育てるだけではないのか。法曹の増員もさることながら、どのような資質をともなう法曹なのかが議論されるべきなのだ。

第二に、つぎつぎと法科大学院の設置に名乗りをあげた大学の多くは、国立大学もふくめて司法試験合格者を出した経験をほとんどもたない。教員の方も裁判官や弁護士の実務家教員を除けば、司法試験の受験経験などないのが大半だ。受験予備校とそこで指導にあたるスタッフを蔑みながら判例評釈や論文執筆に専念してきたのが実態だ。「これからは受験予備校の教師だ」と自嘲気味に語った同僚さえいたが、受験テクニックに長けた教員はかぎられている。これでは法科大学院間の合格者数の競い合いに応えられるものではない。案の定、司法試験受験予備校の「退治」がいわれたが、予備校もさるものである。法科大学院の受験コースにくわえて新司法試験対策コースを設けた。法科大学院の学生もダブルスクールで予備校に通う。

第三に、これは文科省のみの責任ではないが、当初掲げられた司法試験合格者数三〇〇〇人といった法曹の大幅増員は反故にされたから、司法試験の門戸は「狭き門」となった。学生はますますカネと時間のかかる受験勉強に追い立てられ夢破れていった。とりわけ悲惨なのは、社会人としての道を絶ち入学した学生たちだ。司法試験の受験回数は三回（二〇一五年以降は五回）までに制限されているから、合格にいたらず受験資格を失った社会人学生は、年齢的にも再就職の道は険しい。ワーキングプアやニートといった状態となった者も少なくない。二年制の「既習コース」に学び夢破れた学生は、年齢が相対的に若いからまだ救われた方だが、「失意」のなかで就職の道を探らざるをえない。一部は裁判所書記官コースを選んだが、「勝者」と「敗者」の混在する司法行政現場の情景は、国民が司法制度を利用しやすいように分かりやすく頼りがいのあるものにむけて改革するという「制度的基盤の整備」(司法制度改革審議会「最終意見書」)とは、真逆のものである。

第四に、法科大学院の存続をかけて司法試験合格者を確保するために慣れない受験指導に努める実定法研究者も、法科大学院の「犠牲者」といってよい。一部の大学を除いて彼らが自らの学問的関心にもとづく研究に時間を割く余裕は失われている。それは設置にあれほどフィーバーしたのだから「自業自得」だ、では済まされまい。この国における法学研究の水準の低下、さらにいえば法秩序の安定にむけた学問的営為の「衰退」につながりかねない問題である。

文科省は小中学校基礎教育から高等教育にいたる教育のあり方に責任をもつべき行政機関である。そしてこの「責任をもつべき」とは、たんに教育組織の外形や履修科目、教員配置基準、教員の資格審査などについて法的・行政的な権限を行使することにとどまらない。特定の教育組織を設置するならば、そこに学び夢破れていった学生たちのケアを考えるべきなのだ。逆にいうならば、そのような学生たちが最少となる教育組織を設計すべきなのだ。それが教育をあずかる行政機関の責任ではないか。司法試験不合格者は「自己責任」、その程度の教育しかできなかった法科大学院は入試市場で淘汰されればよい、では教育行政組織とはいえないだろう。

司法試験予備試験制度の創設

ところで、これは文科省の責任というよりは政府全体の責任だが、政府は法科大学院の「失敗」を傍目に二〇一一年に司法試験予備試験制度を設け、翌一二年から実施した。表向きの理由は法科大学院に通う経済的余裕のない人びとにも司法試験受験の門戸を開くというものだが、これに合格すれば、司法試験の受験資格を得ることができる。法科大学院に入学・修了するよりはカネと時間を節約できるとして人気を博している。とはいえ、法務省と文科省のあいだで、法曹養成のあり方について激論が交わされた痕跡はない。司法制度改革審議会の「最終意見書」を政府自ら否定したに等しいといえよう。

法務省の公表資料によれば、二〇一七年実施の司法試験予備試験の受験者は一万三一七八人であり、最終合格者は四四四人である。合格率から分かるように超難関試験だが、注目に値するのは合格者の平均年齢が二六・九歳と若いことだ。

くわえて、司法試験の最終合格者を法科大学院修了者と予備試験合格者に分類すると、二〇一八年のばあい最終合格者は一五二五人だが、予備試験合格者は三三六人である。これにたいして東京大学法科大学院修了者一三四人、京都大学同一二八人、慶應義塾大学同一二一人、といったぐあいだ。予備試験合格者は法科大学院各校の合格者に抜きんでている。しかも、このような傾向はここ三年ほど変わっていない。司法試験予備試験制度が存続するかぎり、このルートの司法試験合格者は法科大学院各校の合格者を上回っていくことだろう。

主だった司法試験受験予備校は、予備試験受験コースを設けている。法科大学院の学生が受験予備校にダブルスクールで通っていることはさきに述べたが、近年は予備試験受験コースに通い、法科大学院の修了前に予備試験に合格し、さらに法科大学院を中退して司法試験に挑む傾向が強まっている。ある受験予備校のデータによれば、予備試験合格者の約四七%、半数近くが法科大学院とのダブルスクール組とされる。さきに述べた予備試験合格者の平均年齢の低さは、それを傍証していよう。もはやこうなると、「法科大学院による優れた法曹の養成」は、「悪い冗談」だったとさえいえよう。

文科省の法科大学院改革案

文科省は二〇一八年二月に中央教育審議会の特別委員会を開催し、法科大学院の「改革」案を示した。「改革」の要点はつぎの三点だ。第一は、現在の法学既履修者二年、未履修者三年の教育課程を改め、法学部三年、法科大学院二年の五年の「法曹コース」なる教育課程とする。第二は、とくに「優秀」な「法曹コース」の学生には、大学院修了を待たずに司法試験の受験を可能とする。第三は、法科大学院設置時に法学未履修者コースにおける法学部系以外の学部出身者および社会人の割合を三割以上とした設置基準を見直す。

明らかにこれらの改革案は、司法試験予備試験制度に対抗し、法科大学院の「魅力」を回復しようとするものだ。すでに明治大学など一部の大学では、卒業必要単位を満たしているばあい、法学部三年で法科大学院への入学を認めているが、法学部生の「飛び級」や法科大学院在学中の司法試験受験を認めることで、司法試験受験資格取得の時間的・経済的コストの低下を図ろうとするものだ。司法試験を目指す学生には歓迎されるかもしれないが、いったい、「優秀」な学生とは誰が、どのように判断するのか。

またこの改革案は、社会人の入学者抑制を図ることで法科大学院修了者の司法試験合格者数を増やそうとするものだ。実際、二〇一七年の司法試験合格者のうち法科大学院修了一年目の社会人の割合は一六%であり、法学既習コースの修了者（ほとんどが社会人経験のない者と考えられる）のそれは四七%である。社会人入学者を抑制すれば法科大学院修了者の司法試験合格者は増加するであろう。だが、それはある意味で「余計なおせっかい」であって、一七年度の社会人の法科大学院入学者は二五%である。すでに述べた法科大学院の実態を直視すれば、抑制しなくとも社会人の入学者は今後とも減少していくであろう。まして「法曹コース」の新設は、社会人の法科大学院入学志望者を激減させるであろう。

文科省はこうした「改革」を二〇一九年度から実施したいようだが、およそ鳴り物入りで語られた法科大学院の目的を否定するに等しいだろう。少なくとも、法科大学院の設置時に文科省のみならず政府は、受験技術に偏重することなく広い教養と学識をもった法曹の養成を図ることが重要と強調したはずだ。文科省の法科大学院設置認可やその後の対応は擱くとして、法曹養成の理念としては妥当だ。

だが、法科大学院の「惨状」をまえにした文科省の本音は、「もはや手の施しようがない」にあるのではないか。だからこそ、法科大学院を学業優秀者に限定した専門職大学院として「再生」するという、創意工夫のまったくみられない「改革案」が出てくるのだ。

3　問われているのは法曹養成制度

法学者の責任は免れない

政治・行政組織が新たな制度や事業を起こすとき、そこにはかならず「顧客集団」が生み出される。法科大学院構想とともに俄かに「顧客集団」となったのは、民法、刑法、訴訟法などの実定法学者たちだった。彼らのすさまじいばかりの設置運動については再論しないが、はたして彼らは、いま、法科大学院の「惨状」をどのようにみているのだろうか。

法科大学院の設置を推進し教員となった法学者たちは、教壇で正義、社会的平等、公正、人権などを語ってきたはずである。最終章で有識者なるものの政治や行政とのかかわりについてあらためて考えてみるが、「法科大学院がなければ大学の格にかかわる」とフィーバーするのではなく、新たな制度がいかなる社会的結果をもつかを洞察せねばならないはずである。本来、公正、平等、正義といった法学の基礎概念は講壇上のものであってはならない。政治や行政が構想する新制度がこれらの基礎概念に照らしていかなる意味をもつかを考察せねばなるまい。それができてはじめて「生きた法学」だ。

この意味で、法科大学院の「失敗」は、文科省のみに責任を帰せられるものではない。法学者たちにも法科大学院さらには法曹のあり方についての考察が欠けていたといわねばなるまい。それを自省した法曹像と養成システムを提起することは、法学者たちの責任であろう。

無視されている裁判官の増員

法科大学院の「失敗」の責任が、文科省と顧客集団としての実定法学者たちにあるのは否めない。ただし、そもそも司法制度改革審議会の「最終意見書」は、法曹増員の必要性は語ったものの、司法界のどの分野に増員を必要とするのかを示すものではなかった。

日本の司法界で最も増員を要するのは裁判官であるといってよい。日本の裁判官数は約三五〇〇人(簡易裁判所裁判官をふくむ)であり、司法制度の違いがあるにせよドイツの一〇分の一にすぎない。法科大学院構想が動き出した当時、日弁連内部にも裁判官の増員をいかに図るかを考える研究会がもたれ、筆者も参加した。もちろん、この背景には将来的に弁護士からの裁判官任用という法曹一元化への期待があったことも事実だが、とりわけ地方裁判所レベルの裁判官が抱える係争件数は多く、多忙をきわめている。それは弁護活動のみならず市民にとって望ましいことではない。しかも、地裁の裁判官の職務は裁判=法廷の指揮・運営のみにあるのではない。犯罪被疑者への逮捕令状の発行も重要なそれである。だが、それがいかに「おざなり」かは、裁判官OBが語るとおりである(安倍晴彦『犬になれなかった裁判官——司法官僚統制に抗して三六年』)。逮捕者がイコール「犯罪人」とみなされるこの国では、重大な人権問題に通じる。

だが、司法制度改革審議会も最高裁も、さらには政権も裁判官の増員を語ろうとしない。最高裁による判事補のリクルートシステムは、公的には明らかにされていない。司法修習生のなかから成績が優れており最高裁事務総局の描く人間類型に適合している者を、裁判官出身の司法研修所教官が個別にリクルートしているとされる。最高裁は裁判官の増員を図らない理由を語ったことがない。しかし、最高裁事務総局の裁判官人事を追究してみれば、集権的に裁判官を統制しうる範囲内に裁判官総数を抑え込んでおこうとする意図のなせるところであろう（拙著『司法官僚——裁判所の権力者たち』）。結果的に、近年の原発訴訟、衆参両院の議員定数（一票の格差）訴訟などに代表される判決にみられるように、法科大学院設置時に叫ばれた、知識（受験技術）偏重ではなく社会的教養・市民性を重視した法曹像から最も乖離しているのは、裁判官であるとさえいえよう。

法科大学院の教育に問われるもの

専門職大学院として法科大学院を「再生」させる道は、司法試験合格者の枠を狭めつつ、学力競争の徹底を図ることにあるのではない。「法曹人口」と一口に語るのではなく、裁判官の大幅増員を射程に入れて司法試験合格者数を設定することが、基礎前提とされねばなるまい。

そのうえで専門職大学院の教育課程の中身を再構成すべきであろう。閉校した法科大学院をもふくめて少人数教育というが、講義の中心は司法試験科目に対応した実定法学が中心であり、しかも判例評釈を中心としたものだ。法哲学、法制史、法社会学などは周縁科目であり、まして社会の動態を理解するのに不可欠な経済学、財政学、政治学などは科目としておかれていても、まったくの例外扱いにすぎない。履修する学生も少数だ。こうした実定法中心主義から法学・社会科学を広く教育するカリキュラムに、改めるべきである。

本来は、こうした専門科目にくわえて幅広い教養が身につくリベラルアーツ教育（文学、歴史学など）に配慮すべきなのだ。この問題は、法科大学院のみに問われているのではない。二〇年余以前に大学の教養課程の義務化は廃止された。各大学ともにそれなりの「試み」は繰り返しているものの、専門科目指向ないし実学指向を強めている。この意味で大学のリベラルアーツ教育のあり方自体が見直されなくてはならないが、こうした学部教育の実態をみるならば、とりわけ法曹養成にあたる法科大学院において「飛び級」など論外といわねばなるまい。また、司法試験予備試験制度を存続させるにしても、予備試験の内容は、まさに実定法中心主義から大胆に転換し、幅広い教養を法学の知識と等しく問うものであるべきだ。

法科大学院の教育課程は、以上のようなカリキュラムを前提とするとき三年とするのが妥当であるように思える。ただし、昨今、とりわけ顕著な文科省の補助金、交付金を通じた大学統制にピリオドが打たれねばなるまい。使途を限定した競争的補助金による大学間競争を促すのではなく、大学・大学院が自由に創意工夫をなしうる運営費交付金に改めるべきなのだ。競争的補助金に傾斜するところには、学問・研究の発展はない。また、一定の所得水準に満たない学生に勉学に集中できる奨学金制度を創設せねばなるまい。いずれも法科大学院にかぎった課題ではない。高等教育機関全体にかかわる政策の変革を意味する。そのうえでいえば、社会の骨格の決定にかかわる司法の人材養成は、なによりも自由な知的環境のもとでおこなわれねばならないのだ。

＊　＊　＊

法科大学院の「惨状」は、法科大学院に視野を限定した改革で救いうるものではないだろう。司法試験を「広き門」とするには、最高裁のみならず政治全体として司法のあり方を徹底して議論せねばならない。そこでは司法試験、裁判官任用制度をはじめとした課題が山積している。法科大学院なる教育制度が、わずか一〇年余程度で「破綻」した現実をまえにするとき、明らかにもとめられているのは、法曹養成（法科大学院のみならず司法試験合格者をふくむ）の新しいシステムを、政府、国会、最高裁をふくむ法曹界、学界が、真摯に構想し設計することである。

第5章 「原子力ムラ」を育て、歩み続ける行政の責任

安倍晋三政権は二〇一八年七月三日、四年ぶりにエネルギー基本計画を閣議決定した。これはエネルギー政策の中長期的指針であり、今後の電源構成を決定づけることになる。基本計画に掲げられた目標は、二〇一五年六月に政府の総合資源エネルギー調査会小委員会が決定した電源構成案とほぼ同じだ。太陽光や風力などの再生可能エネルギーを「主力電源化」するとし、二〇三〇年度のその発電割合を二二～二四%としている。その一方で基本計画は、原子力発電をベースロード（基幹）電源と位置づけ、二〇三〇年度の構成比を二〇～二二%とするとした。

「主力電源」と「ベースロード（基幹）電源」とは、いったい、なにが違うのか。言葉遊びのような言い回しだが、基本計画をより詳しくみると原子力発電がまさに「主力・基幹電源」であることが明瞭である。再生可能エネルギーのうち各地で設置がすすむ太陽光発電は、三〇年度に七%程度とするとした。だが二〇一六年度実績ですでに六%である。したがって、風力、地熱発電などの大規模開発をせねばならない。一方、東京電力福島第一原子力発電所のシビアアクシデント以降全面停止していた原発は徐々に再稼働しているが、一六年度実績で一・七%にとどまる。レトリックの上手さに感心させられる

が、一〇年程度のあいだに既存原発の再稼働、新設、リプレース（建替え）によって原子力発電を「急成長」させようとするものと読める。

基本計画はこうした電源構成の目標にくわえて、プルトニウムの保有量の削減を目指すとした。この目標は四年前のエネルギー基本計画には存在せず、今回の基本計画に突如くわえられたものだ。従来、日本のプルトニウム保有量（二〇一八年で四七トン）の多さには、アメリカをはじめとした諸外国から核兵器開発への懸念が表明されてきた。この量は長崎型核爆弾に換算すると六〇〇〇発分とされる。再処理工場で原発の使用済み核燃料から取り出したプルトニウムを核兵器製造に用いないで削減するには、ウランとあわせたMOX燃料として原発の燃料とする方法がある。とはいえ、二〇一八年現在、MOX燃料を用いることのできる原発は四基にかぎられているから、この目標を実現するにはMOX燃料使用可能な原発を増設する以外にない。ただし、MOX燃料によるプルトニウム消費には限界がある。それゆえ、プルトニウムを大量に消費できるとされる高速炉を、「もんじゅ」の失敗にもかかわらず開発しなくてはならないだろう。

ようするに、エネルギー基本計画は、再生可能エネルギーによる電源を「主力電源」としているものの、基本は原発に高度に依存した経済社会を維持していこうとするものといってよい。

国際原子力機関（IAEA）の原子力事象評価尺度でチェルノブイリ原発事故と同じレベル7とされた、二〇一一年の東京電力福島第一原発のシビアアクシデントは、すっかり忘れ去られたかのようである。いったい、重大事故を真摯に省みずに原発に邁進する行政・政治体制とはいかなるものだろうか。

本章では原子力政策をめぐる官僚組織の公共性について考察する。

1 「原子力ムラ」の成長

神話だった「原発絶対安全」

二〇一一年三月一一日一四時四六分、青森県から千葉県にかけての太平洋沿岸をマグニチュード九・〇の巨大地震が襲った。つぎつぎと押し寄せる大津波によって二万人近い死者・行方不明者が発生した。だが、この巨大地震・大津波がもたらしたものは三陸沿岸を中心とした地域の壊滅と多大な犠牲者に尽きなかった。東京電力福島第一原子力発電所のシビアアクシデントを引き起こした。

東電福島第一原子力発電所には六機の発電施設が設置されているが、このうち一、三、四号機は三月一二日からつぎつぎと水素ガス爆発を起こし建屋が崩壊した。しかも、一、二、三号機の核燃料は溶融（メルトダウン）し、いまもってその形状も位置もさだかに把握されていない。たまたま点検中で運転を停止していた四号機は、原子炉から取り出した使用済み核燃料を収めた燃料貯蔵プールが剝きだしになった。こうして、高濃度の放射性物質が立地自治体と周辺のみならず広範囲に飛散し、人体、大地、大気、海洋を汚染した。この重大事故により多くの住民が避難を余儀なくされたが、七年余を経過した今日、なお福島県民の約五万人が避難生活を続けている。

当時の菅直人・民主党政権は四月になってＩＡＥＡの原子力事象評価尺度で一九八六年のチェルノブ

イリ原発事故と同様の最高（最悪）であるレベル7とした。それほどの重大事故であり、衝撃は日本国内のみならず世界中に走った。

ところで、茨城県東海村の日本原子力研究所の動力試験炉が臨界に達したのは一九六三年であった。六五年には国策会社である日本原子力発電の東海ガス冷却炉が臨界に達した。一方、民間事業者である東京電力、関西電力などが七〇年代に入るとつぎつぎと原子力発電所を設置していく。七〇年度末に四基、設備容量一三二万キロワットだった原発は八〇年度末に二二基、一五五二万キロワットへと急成長した。そして、三・一一シビアアクシデント時には五四基の原発が稼働していた。

この間、一九七九年にアメリカ・スリーマイル島原発、八六年に旧ソ連のチェルノブイリ原発の重大事故が発生する。国内の原発もまた軽視できない事故を引き起こしてきた。三・一一シビアアクシデント直前の二〇〇七年七月一六日には、新潟県中越沖地震によって東京電力の柏崎刈羽原発が重大事故を引き起こしている。

このように原発の事故があいついだのだが、スリーマイル島の原発事故は運転員の運転ミス、チェルノブイリ原発は日本の原発とは原子炉の構造が異なるとされ、国内の事故はいずれも「軽微」とされた。そして政府、電力事業者、原子炉の製造にかかわる重電メーカー、原子力開発を推進する原子力学者たちは、日本の原発は「絶対に安全」と、マスコミから小学校教育までを総動員しながら宣伝してきた。この「原発絶対安全神話」は、たんに原発事故などありえないという言説にとどまるものではない。「安全」にくわえて原発は他の電源にくらべて発電コストが廉価であること、さらに近年の国際的なC

O2削減運動に「便乗」するかのように、原発はCO2を出さない「クリーン」なエネルギーだと強調するものだった。つまり、原発がいかに「優れた電源」であるかが、大規模に論じられたのである。

しかし、こうした「原発絶対安全神話」は、事実をもって否定された。三・一一シビアアクシデントの実相を考察するならば、なんとも罪深き「神話」だ。それにもかかわらず、さきのエネルギー基本計画にみるように、依然として原発に高度に依存する社会を「国策」として推進することが目標とされているのだ。

制度としての「原子力ムラ」

第二次大戦後の日本の経済復興・高度経済成長は、官僚制による「仕切られた市場」の形成を核心としてきた。各省官僚機構は所掌事務権限に応じて特定の業界を対象とした「業法」を制定した。石油業法、道路運送法、建設業法、電気事業法などが典型だが、銀行法、証券取引法も信用の秩序維持や顧客の安全をタテマエにしつつ、実質は業法であるといってよい。官僚機構は業法によって市場への参入規制をはじめ、生産量の割当、価格規制さらには店舗数や役員人事にまで統制をくわえた。だが、こうした業界統制手法は強権的ないわゆる官僚統制として業界側の反発を招いたわけではない。「仕切られた市場」内のルールは、官僚機構と業界団体による「共同統治ルール」だった。そもそも官僚機構が業界への新規参入を規制してくれるならば、業界内で寡占状況を築けなくとも経営は安定する。さらになんらかの理由によって経営危機に陥っても、官僚機構は政府金融をはじめとした救済の手を差し伸べてくれる。官僚機構と業界の関係は「蜜月」だった。

三・一一シビアアクシデントを機に「原子力ムラ」という言葉が、急速に社会的広がりをみた。「原子力ムラ」は、マクロにみれば「仕切られた市場」の一つのようにみえるが、たんなる産業行政のために所管省と業界がつくりあげた共同体ではない。核エネルギーの「平和利用」が国家目標とされることによって、国家権力に主導された政・官・業・学にわたる強靱な利益共同体であるといってよい。

新たなエネルギー源を開発し経済成長を図るとの主張自体が政権党（自民党）の有力な政治資源たりうるが、政府は原子力開発を推進する莫大な予算を計上した。国家予算を電力企業、重電メーカー、大学などに交付し、原発開発のための基盤をつくりあげていった。他方で政府機関として日本原子力研究所や国策会社である原子力発電株式会社を設立する。さらに電気事業法は九電力体制なる地域独占体制をつくりあげた。電力会社は新規参入にも外国製品（電力）にも脅かされることはない。政権党に多額の政治献金をおこなうとともに、財界団体の有力メンバーの座を占めてきた。

国家主導の原子力開発は「原子力ムラ」を一つの制度として成長させた。制度とは「ある一定の規範にもとづく定型化された人間行動」である。「原子力ムラ」内には、さまざまな利害によって結束した集団が分立・結束している。「原子力ムラ」に貢献してきた原子力工学者の多くは、すすんで核兵器開発に手を染めていこうとは考えていないだろう。彼らは工学的技術への関心、学界および政府部内での名声、巨額な研究費の獲得といった世俗的価値で結びついている。重電メーカーや電力事業者も政府の庇護を受けつつ経営の拡大、財界でのヘゲモニーの確立を追求してきた。

もちろん、「原子力ムラ」内の政治家集団のなかには、政治資金や集票といった世俗的価値を超えて核兵器開発・核武装を追求する集団が存在する。こうした政治家集団が「原子力ムラ」のなかで発言権を強めるならば、世俗的価値で結びついている他の集団は、まさに世俗的であるがゆえに、それに容易に同調していくであろう。軍事と科学・技術者さらに経済集団が結びつき、国のかたちを変えることもありうる。そこに国家主導の「原子力ムラ」の怖さがある。

2　規制の名による原発の推進

原発推進行政体制のスタート

原子力発電を国策として開発・推進するためには、国家意思を具体化させる官僚機構を必要とする。一九五五年一二月、原子力基本法、原子力委員会設置法、総理府設置法の一部改正法（原子力局の設置）のいわゆる「原子力三法」が成立をみた。これを機として戦後日本は原子力開発に邁進していく。

政界で原子力開発のリーダーシップをとったのは、国家主義的政治家・中曽根康弘と正力松太郎（読売新聞社主）だった。彼らは一九五三年一二月にアイゼンハワー・米大統領がおこなった国連演説「平和のための原子力」（Atoms for Peace）をよりどころにして、日本も原子力の「平和利用」「商業利用」に取り組むべきだとした。そして、原子力三法に先立って五四年度予算に「原子力予算」を追加計上するよう政権にもとめた。五四年三月、総額二億五〇〇〇万円、原子炉の基礎研究助成金二億三五〇〇万円とウラン調査費一五〇〇万円から構成された「原子力予算」が成立した。原子炉基礎研究助成金は東京大学をはじめとした主要大学に交付されたが、当時を知る研究者はまさに「使いきれないほどの額」だったと述懐する。

こうした準備段階を経て一九五六年に国策として原子力開発を推進する行政体制がスタートする。五六年一月、総理府に原子力委員会が設けられる。同委員会は行政組織法上は総理府の審議会等（国家行政組織法にいう「八条機関」）だが、委員長は審議会等には異例の国務大臣とされた。初代委員長に就任したのは正力松太郎だった。委員会の事務局は原子力委員会と同時に設置された総理府原子力局が担った。続けて五六年五月には総理府の外局として国務大臣を長官とする科学技術庁が設置され、原子力局も科学技術庁に移管される。初代長官は原子力委員長の正力松太郎だった。

こうした中央行政機構の設置とならんで、五六年六月には特殊法人日本原子力研究所、八月に原子力燃料公社（六七年一〇月に動力炉・核燃料事業団＝動燃へ改組、その後核燃料サイクル機構、さらに二〇〇五年一〇月、日本原子力研究所と合併して日本原子力研究開発機構）が設立された。原子力行政体制は学界や重電メーカー、それらの周辺団体に裾野を広げていく。

原子炉設置処分権限の通産省への集中

以上のような原子力行政体制の整備を追うように五七年六月には原子炉等規制法が公布された。こうした原子力開発の組織・法制度をもとに原子力委員会と科学技術庁は、概ね、つぎのような役割（権限）を担った。総理府の外局である科学技術庁は、原子炉等規制法にもとづき原子炉の設置許可にかかる審査と設置許可処分を担った（法的な原子炉の設置許可処分の権限者は首相）。原子力委員会は開発計画の策定、安全基準・指針策定を担った。のちに原発行政の中心主体となる通商産業省（現・経済産業省）は、電気事業法にもとづき設備の詳細設計や定期検査を担当した。

原子炉の設置を法的に認めること（設置許可処分）は、安全性の審査と密接不可分だ。科学技術庁、原子力委員会ともにその責任がある。だが、原子力開発自体が国策であり、安全性審査に重きがおかれなかったことにくわえて、日米原子力協定による原発開発であることの影響も大きい。初期の原発はアメリカからの輸入であった。日本の重電メーカーである東芝と日立は沸騰水型原子炉メーカーであるアメリカのGE（ゼネラル・エレクトリック社）と、三菱重工は加圧水型原子炉メーカーであるWH（ウエスチングハウス社）と技術援助協定を結び、いわばアメリカ企業の下請として原子炉ならびに関連機材の技術を得ていった。原子炉の核心部分についてはブラックボックスとされていたところも多く、それが原発の安全性審査を制約したことも事実といえる。逆にいうならば、「国策」であることを強調するあまり国内の審査体制は疎かにされたのだ。

ところで、一九七四年九月一日、洋上で原子炉稼働実験をしていた原子力船「むつ」は、放射線漏れ事故を起こす。すでに六〇年代末から原子力開発への反対運動が各地で生まれていたが、「むつ」の事故は原子力開発一辺倒の政府への批判を一挙に高めた。

当時の三木武夫政権は、七五年二月、首相の私的諮問機関として原子力行政懇談会（座長・有澤廣巳）

を設けた。同懇談会は七六年七月三〇日に「最終意見書」を三木首相に提出した。懇談会の意見はつぎの二点に集約できる。第一は、原子力開発の安全審査体制を強化するとして、旧来の原子力委員会を新たな原子力委員会と原子力安全委員会に分割し、開発と安全審査の二元体制をつくる。第二は、「原子力安全行政に関する批判の多くが、基本的な安全審査から運転管理に至る一連の規制行政に一貫性が欠けている」ことにむけられているとして、今後は実用段階に達した発電用原子炉に関するものは通産省、実用船舶用原子炉については運輸省、試験研究用原子炉と開発段階にある原子炉については科学技術庁が、設置から安全規制までの規制権限を一貫して担うべきとした。そして、この「意見」を受けて、七八年に新たな原子力委員会と原子力安全委員会の設置、原子炉等規制法の改正による原子炉の種別による規制権限の整序がおこなわれた。

この行政体制は基本的に二〇一二年九月一九日の原子力規制委員会の発足まで続く。もちろん、この間の二〇〇一年一月の行政改革によって通産省は経済産業省と名称を変えるとともに、外局である資源エネルギー庁の「特別の機関」として原子力安全・保安院が設置され、さきの商業用原子炉についての規制権限を担うこととなる。科学技術庁は文部省に併合され文部科学省となり、運輸省は建設省などと合併して国土交通省となった。

この体制のもとでの規制行政庁と原子力安全委員会の関係は、［図5-1］のように描かれたが、これはあくまで法的権限関係を示しているにすぎない。この体制の「欠陥」は、原子炉の大半を占める発電用原子炉の規制権限が電気事業法を所管する通産・経産省にゆだねられたことだ。しかも、経産省は業

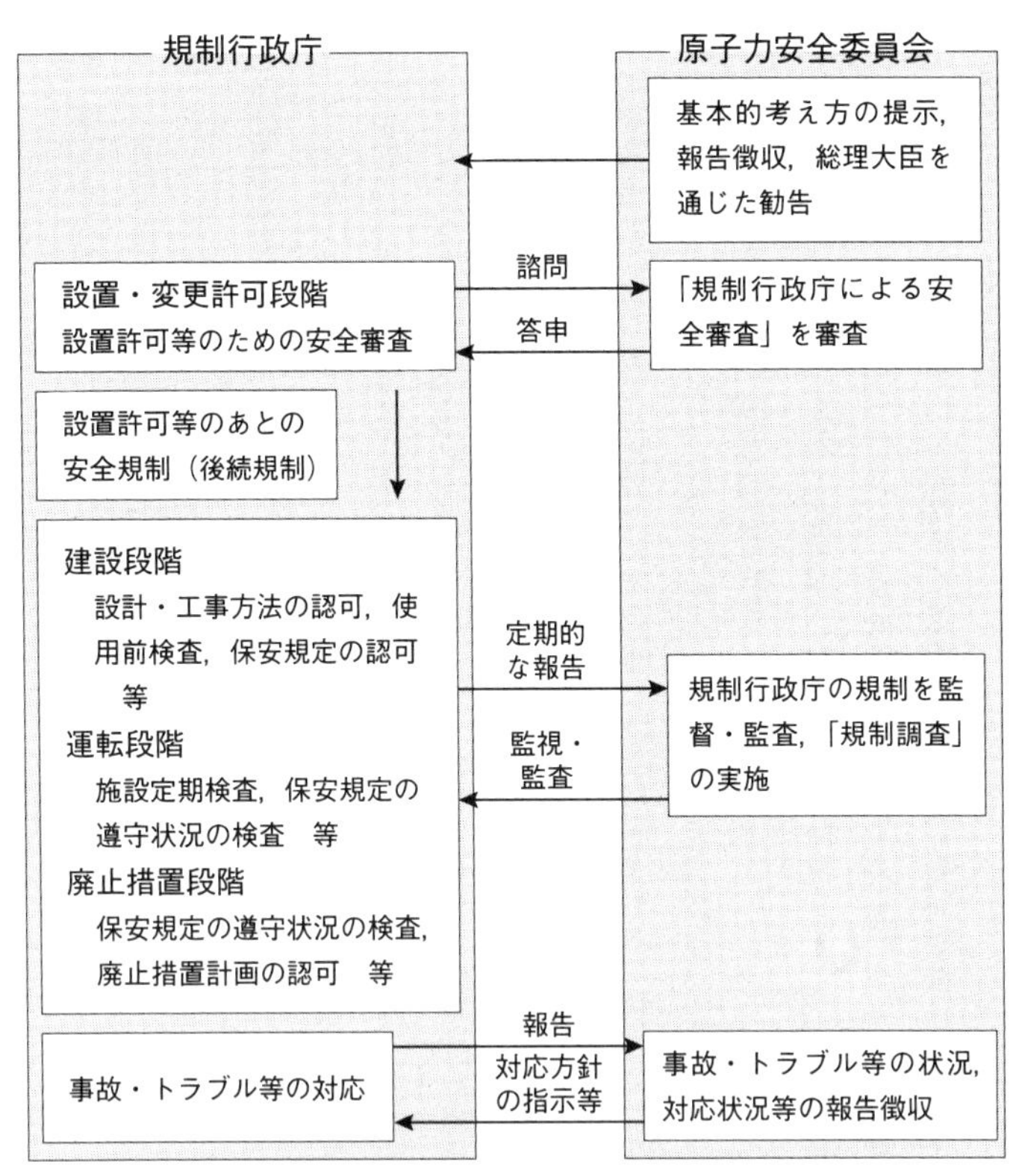

図 5-1　原子力規制行政機関と原子力安全委員会の関係

出典）『原子力安全白書　平成 21 年版』p. 32.

界行政にとどまらずエネルギー政策の作成を担っている。一方で、原子力安全委員会は総理府・内閣府の審議会等にすぎない。原子力安全委員会は規制行政機関や原子力委員会とのダブルチェック体制をいいつつも、実質的影響力をもちえなかった。それは三・一一シビアアクシデントが象徴しているし、逆にいえば三・一一シビアアクシデントは、「起こるべくして起きた事故」といえよう。

3　原子力規制委員会と「原子力ムラ」

原子力規制委員会の発足

三・一一シビアアクシデントの発生は、当然のことだが、原子力規制行政システムの見直し＝再構築を重要政治課題とした。民主党政権は環境省の外局としての原子力規制庁を構想し、国会に設置法案を上程した。一方、野党だった自民党と公明党は、環境省に国家行政組織法第三条にもとづく行政委員会としての原子力規制委員会をおく法案をまとめた。結局、与野党の妥協の結果、環境省のもとに行政委員会である原子力規制委員会を設置するとともに、委員会の事務局として原子力規制庁を設置する原子力規制委員会設置法が、二〇一二年六月二〇日に成立した。同時に、原子力基本法、原子炉等規制法の二法も改正された。こうして、二〇一二年九月一九日に新たな原子力規制機関として原子力規制委員会・原子力規制庁体制が発足をみた。

原子力規制委員会は五名の委員からなる行政委員会であり、新規制基準にもとづき原発の再稼働をはじめとした設置許可処分権限を一元的にもつ。原子力規制庁は原子力規制委員会の事務局とされているが、たんなる庶務的事項をあつかう組織ではなく、規制委員会の補助・補佐機関として実質的に原発の再稼働にかかる規制審査を担っている。

表5-1　原子力規制委員会委員長・委員の変遷

	委員長	委員	委員	委員	委員
2012・9	田中俊一	島崎邦彦	更田豊志	中村佳代子	大島賢三
2014・9	田中俊一	更田豊志	中村佳代子	石渡明	田中知
2015・9	田中俊一	更田豊志	石渡明	田中知	伴信彦
2017・9	更田豊志	田中知	石渡明	伴信彦	山中伸介

二〇一八年六月現在までの原子力規制委員会の委員の変化は［表5-1］に示した。また原子力規制委員会―原子力規制庁の組織は［図5-2］のとおりである。

ところで、新たな原子力規制機関の発足をめぐって社会的・政治的に重大関心事とされたのは、原子力規制委員会・規制庁の人事・組織が、「原子力ムラ」および従来の原子力開発担当機関との関係を断ち切れるかどうか、であった。

原子力規制委員会設置法は、第七条第一項で委員は「人格が高潔であって、原子力利用における安全の確保に関して専門的知識及び経験並びに高い識見を有する者のうちから、両議院に同意を得て、内閣総理大臣が任命する」とした。また同法第七条第七項第三号は「原子力に係る製錬、加工、貯蔵、再処理若しくは廃棄の事業を行う者」の役員・従業員は、委員長または委員に就任できないとさだめた。同時に野田佳彦政権の内閣官房原子力安全規制組織等改革準備室は、「原子力規制委員長及び委員の要件について」なるガイドラインをさだめ、①就任前直近三年間に、原子力事業者及びその団体の役員、従業員等であった者、②就任前直近三年間に、個人として、それらから一定額以上の報酬等を受領していた者は、委員長・委員から除外されるとした。

この規定は「原子力ムラ」の影響を排除するという意味で、それなりのきびしさをもっている。［表5-1］にみる初代委員のうち地震学者の島崎邦彦、元国連

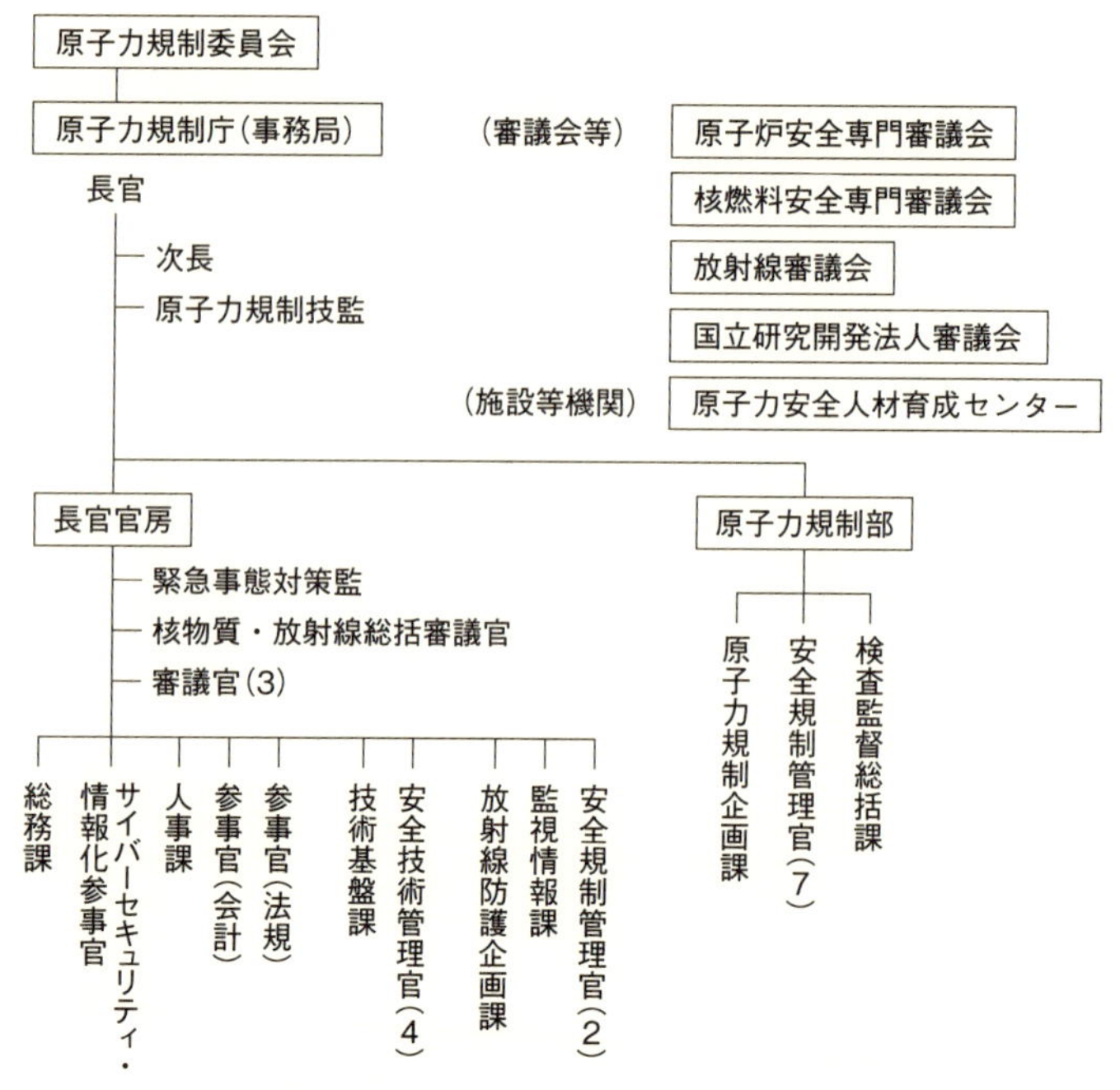

図 5-2　現在の原子力規制庁の組織図

出典）原子力規制委員会ホームページおよび「行政機関組織図」（人事院事務総局総務課，平成 29 年 7 月 1 日）．

大使の大島賢三は該当しないが、委員長の田中俊一、委員の更田（ふけた）豊志、中村佳代子については、欠格要件に該当するのではないかと、脱・反原発市民運動ばかりか国会内でも疑問がもたれた。だが、野田政権はいずれも原子力規制委員会設置法に抵触しないとして国会に同意人事案を提出した。国会は紛糾し人事への同意をみないまま閉会となった。野田首相は委員会設置法の特例条項を用いて五名の委員を任命し委員会を発足させた。

ところで、原子力規制委員会発足から三ヵ月後の一二月、自民党・公明党は政権を奪還し第二次安倍晋三政権が生まれた。原子力規制委員会の委員長および委員の任期は設置法で五年とさだめられている（再任は可）。ただし、発足時にかぎって委員長を除く初代委員のうち二人を任期二年、二人を任期三年とした。この規定自体は委員の総交替や逆に長期固定化を防ごうとするものだ。だが、政権を奪還した安倍政権はこの規定を用いて、原子力規制委員会の原発再稼働審査に地震学の観点から疑問・批判を提示していた島崎邦彦・委員長代理を再任しなかった。また委員会発足時に国会事故調査委員会の委員であった大島賢三の再任を拒否した。

新たに委員に任命されたのは、石渡明と田中知（さとる）である。石渡は東北大学教授だったが岩石の専門家であり地震学の専門家ではない。三・一一シビアアクシデントが巨大地震によって引き起こされたにもかかわらず、委員会から地震学の専門家は姿を消した。一方の田中知は原子力工学が専門の東京大学教授だったが、まさに日本の原子力学界の「ドン」と原発推進派からもみなされている。それだけでなく、二〇一四年六月九日にロイター通信は、田中知が二〇〇四年度から一〇年度にかけて日立ＧＥニュークリア・エナジーから七六〇万円を超える報酬・寄付を受け取っていたことを報道した。これは明らかにさきに述べた欠格要件に該当するのではないか。

さらに規制委員会発足から三年後の一五年九月、更田は再任されたが中村が退任した。中村の後任は放射線医学の専門家とされる伴信彦である。また一七年九月に田中委員長が退任し更田が委員長、田中知が委員長代理に就任し、空席の委員ポストに大阪大学教授であり原子力工学の専門家・原発推進派として知られる山中伸介が就任した。こうして、三・一一シビアアクシデントから七年余の今日、新たな

表 5-2　原子力規制庁の幹部（2017 年 9 月現在）

役　　職	氏名	出身官庁
長官	安井正也	経産省
次長（兼：原子力安全人材育成センター所長）	荻野　徹	警察庁
原子力規制技監	櫻田道夫	経産省
緊急事態対策監	山形浩史	経産省
核物質・放射線総括審議官	片山　啓	経産省
審議官（併任：内閣府大臣官房審議官［原子力防災担当］）	荒木真一	環境省
審議官	青木昌浩	経産省
審議官	片岡　洋	文科省
原子力規制部長	山田知穂	経産省

原子力規制機関として期待された原子力規制委員会は、原発推進派のリーダーシップのもとにあるといってよい。

一方、原子力規制委員会を補佐・補助している原子力規制庁の幹部人事は［表5-2］にみるとおりである。発足当初から原子力規制庁の職員は、経産省原子力安全・保安院、原子力安全委員会事務局職員の「横滑り」が主である。彼らの行動には疑問が提示されてきたが、上部の意思決定機関＝原子力規制委員会の委員構成にくわえて、原子力規制庁の人事をみるならば、二〇一二年九月に発足した行政体制は、原子力規制の名による推進機関といってよい状況にある。

再稼働、そして老朽原発の運転延長

三・一一シビアアクシデントを踏まえて原子炉等規制法が改正された。その要点は、①シビアアクシデント対策を義務化したこと、②既存原発を新たな基準に適合させるバックフィット制度を義務づけたこと、③電気事業法による実用原子炉の運転段階における規制を廃止し原子炉等規制法による規制に改めたこと、④原発の運転期間を四〇年とすること。ただし、例外的に最大二〇年間の延長を一回にかぎり認

めること、の四点である。バックフィット制度の導入や運転期間の法定化は、従前の原子炉等規制法に欠けていた事項である。ただし、運転期間四〇年に例外を設けたことは見過ごすべきではないだろう。

原子力規制委員会は二〇一三年六月一九日、改正原子炉等規制法にもとづき原子力発電所の設置許可に関する「新規制基準」を委員会規則としてさだめた。政府も原子力規制委員会も新規制基準を「世界一厳しい基準」と語っている。ただし、新規制基準は端的にいうと原発プラントに関する技術基準であって、重大事故への備えを事業者に義務づけたものとはいえない。

たとえば、三・一一後、菅直人政権は「多数基立地」が事故への対応を遅滞させたとIAEA閣僚理事会に報告している。福島第一原発のばあい六基の原子炉を擁していたし、同一サイトに四基は常態でもある。だがこれについてはなんらの法規制もおこなわれていない。また緊急時指令所を免震構造の独立棟として設置することも義務づけていない。さらに重大な欠陥とされているのは、原発の周辺地域の住民避難計画の有効性が審査対象とされていないことだ。

ところで、電力事業者は新規制基準にもとづく原発再稼働審査を原子力規制委員会に申請してきた。このなかには四〇年の「寿命」を迎えた老朽原発もふくまれる。これらの申請に関して重要な論点とされたのは地震・津波の規模とそれへの備えである。さきに島崎邦彦委員の再任問題でふれたが、彼のきびしい指摘にもかかわらず委員会は、事業者の予測を承認している。

実際、二〇一八年七月現在で、原子力規制委員会が再稼働ならびに老朽原発の運転延長を認めた原発は［図5-3］のとおりである。というよりも、新規制基準の制定後、原子力規制委員会が申請を拒否し

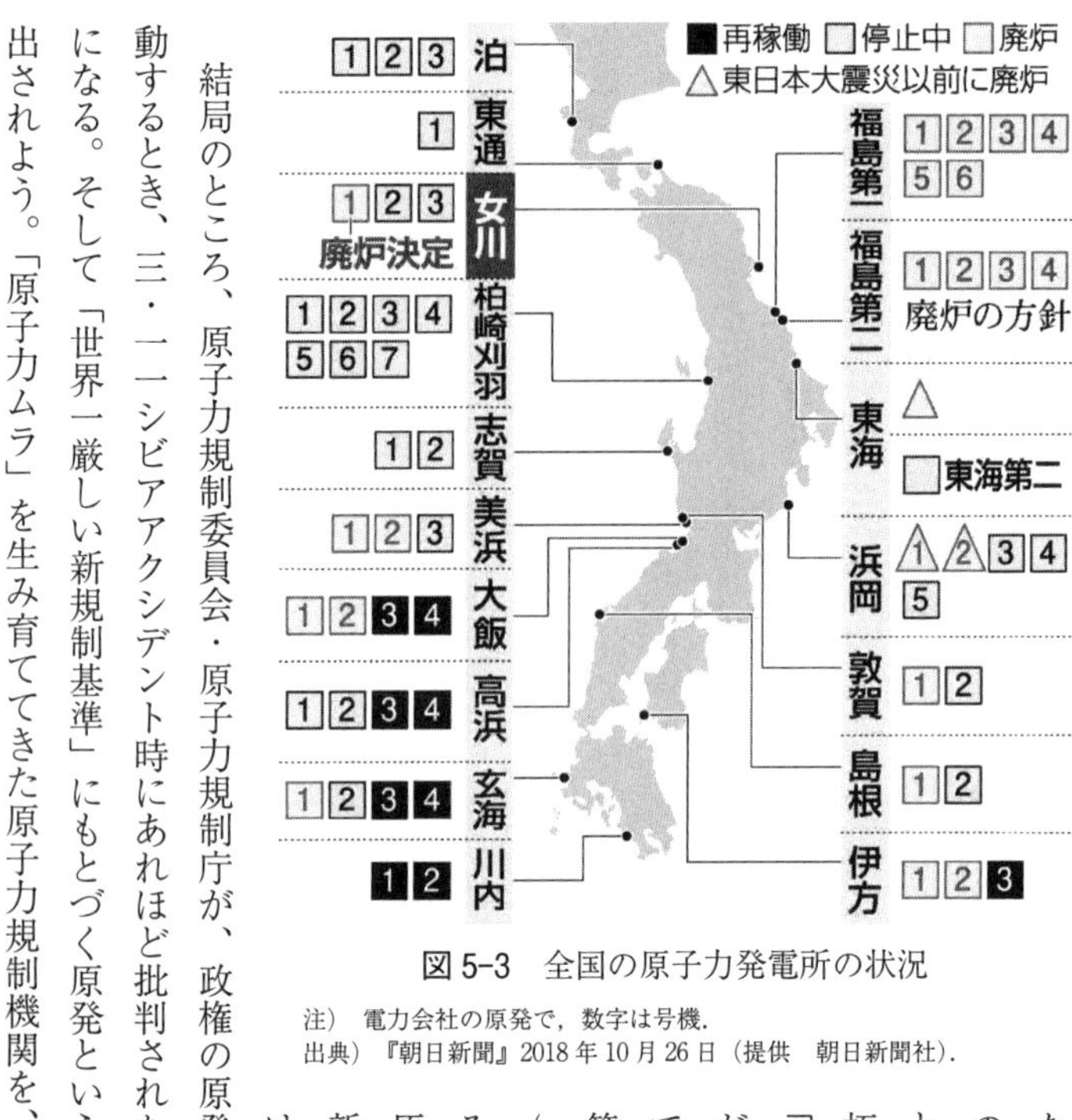

図 5-3　全国の原子力発電所の状況

注）電力会社の原発で，数字は号機．
出典）『朝日新聞』2018 年 10 月 26 日（提供　朝日新聞社）．

た事例は一件として存在しない。外部の専門家や市民運動から「拙速の審査と結論」との批判を受けながらも、老朽原発をふくめて再稼働を承認した。「独立性」の高い行政委員会とはいうが、これは安倍政権の原発政策と無縁ではないであろう。エネルギー基本政策は、二〇三〇年の原発依存率を二〇～二二％としているが、これを実現するためには、老朽原発をふくめて既存原発の再稼働を急がなくてはならない。新規原発の着工がはかばかしくないだけになおさらだ。

結局のところ、原子力規制委員会・原子力規制庁が、政権の原発による経済成長戦略を背景として行動するとき、三・一一シビアアクシデント時にあれほど批判された「原子力ムラ」も息を吹き返すことになる。そして「世界一厳しい新規制基準」にもとづく原発という新たな「原発絶対安全神話」が生み出されよう。「原子力ムラ」を生み育ててきた原子力規制機関を、いかに「独立性」の高い機関へ改革

川内原発の運転停止提案．九州電力の株主総会会場近くで，横断幕を掲げ川内原発の再稼働に反対する人たち（写真提供　共同通信社）．

するか、道は容易ではないが、真剣に追求されねばならない。

　ところで、原子力規制機関は、原発の再稼働や新設の安全性審査のためのみに必要とされるのではない。近い将来、三・一一シビアアクシデントを繰り返さないために、再生エネルギーを「主力・基幹」電源とする社会へと舵が切られたとしよう。そうあるべきなのは、いうまでもない。だが、そこには多くの課題が横たわっている。シビアアクシデントを起こした東電福島第一原発の四機の原発はもとより、既存の原発のすべてを廃炉とせねばならない。いかに環境汚染をもたらすことなく廃炉とするのか。この技術は確立されているとはいえない。廃炉に伴って大量に排出される高濃度放射性廃棄物を、いかに安全に長期間管理していくのか。使用済み核燃料をいかに処理していくのか。こうした課題の解決は、「先送り」されてきたに等しい。

「原発絶対安全神話」は、きわめて重大な負の遺産をもたらしている。それだけに、高度の専門科学・技術能力を持つとともに、政治からの「独立」と「中立」が保障された原子力規制機関を、長期にわたって安定的に維持していかなくてはならない。国をあげた叡智の結集が問われている。

第6章 「創生」の名による「消滅」——地方創生の背理

二〇一四年五月、企業人や労働組合幹部、学識者などで構成する日本創成会議（座長・増田寛也・元総務相）は、二〇四〇年には全国の自治体の約半数におよぶ八九六市区町村の存立が難しくなるとの報告をまとめ公表した。これは「消滅可能自治体」についての予測としてセンセーショナルに報道され、社会に大きな衝撃をあたえた。具体名をあげられた自治体は、いわゆる「過疎地」の自治体だけではない。「繁栄」しているかにみえる東京区部の豊島区もふくまれる。

もっとも、日本創成会議の報告は自治体の「消滅」とはなにを意味するのかを明確に定義していない。強調したのは出生率の低下による人口の減少＝存立の危機であった。

このかぎりでいえば、さして目新しいことではない。国立社会保障・人口問題研究所の推計によれば、日本の総人口は二〇一〇年に一億二八〇〇万人だったが、二〇五〇年には九七〇〇万人、二一〇〇年には四九五〇万人に減少するとされる。こうした人口の減少によって地域社会やそれにもとづく地方政府＝自治体の経済社会機能そして政治行政機能が変わることは避けられない。ただし、この傾向をもっぱら「危機」ととらえるのか、それともそれを踏まえた豊かな共生の空間を創造する機会としてとらえるのかは、まったく別個の問題である。

日本創成会議の報告や社会保障・人口問題研究所の推計を受けて、安倍晋三政権は二〇一四年の総選挙後の内閣改造で「地方創生」を重要政治課題であるとして担当大臣を設けるとともに、首相を本部長とする「まち・ひと・しごと創生本部」を設置した。さらに一二月には「まち・ひと・しごと創生法」を制定した。そして「まち・ひと・しごと創生総合戦略」を策定し、自治体に「地方版総合戦略」を二〇一五年度中に策定するようにもとめた。自治体の側も「地方創生」に呼応しオウム返しのようにその重要性を語り、「地方版総合戦略」の策定に奔走した。

しかし、「地方創生」はいまや当初の「熱気」を政治・行政的に保っているとはいえない。ブームが急速に「失速」している要因はどこにあるのか。また、地域社会の「持続」にとってなにが問われているのかを考えてみよう。本章では、地域の創生政策・事業が公共性の理念にのっとっておこなわれてきたかを検証する。

1　繰り返される不均衡の「是正」政策

政治的資源としての地方振興

自民党一党優位体制のもとで「地方の振興」、「過疎と過密の解消」、「国土の均衡ある発展」といった言葉が繰り返されてきた。一九五五年の保守合同によって誕生した自民党の主たる集票基盤は大都市圏外の農村部にあったが、経済成長政策としては近代化の追求だったから、地域の不均衡発展は避けられない。政権党としての自民党は、農山村部の振興をアピールしつつ、高度の経済成長で肥大化する大都市圏域の歪みに対応せざるをえなかった。したがって、「地域間格差の是正」や「地域の振興」を掲げ、集票機能を強化する必要があった。

一九六〇年代以降をざっと振り返るだけでも、新産業都市建設促進法、新全国総合開発計画、第三次全国総合開発計画＝多極分散型国土の形成、ふるさと創生、首都機能の移転、道州制などの計画や事業、構想がつぎつぎと提起された。

新産業都市建設促進法は、池田勇人政権の経済開発政策の目玉といえるものであって、主として沿岸部に鉄と石油のコンビナートを建設するものだった。続く新全国総合開発計画は、池田政権の経済発展戦略をより大規模に引き継ぐものであり、苫小牧東部開発、むつ小川原開発などにみるように巨大石油コンビナートを建設し、重厚長大型産業による経済発展を加速させようとするものだった。だが、これらは石油危機によって挫折する。苫小牧東部やむつ小川原のコンビナート建設予定地に立ってみれば、石油備蓄タンクや核燃料関連の施設、いくつかの工場をみるが、まさに荒涼たる「原野」が広がる。

多極分散型国土の形成は、「挫折」した重厚長大型産業による地域発展にかえて、経済的・社会的・文化的拠点を各地に設け、「多極」な国土構造をつくろうとするものだった。竹下登政権によるふるさと創生事業も、思考としてはこれを引き継ぐものだが、当時の約三三〇〇の自治体のなかの地方交付税の交付団体にそれぞれ一億円を交付し、自治体の裁量による「まちおこし」をもとめるものだった。同時に竹下政権は中央各省に組織の一部を「地方移転」させるように指示した。その実態は中央各省の本省部局ではなく、東京に所在する傘下のブロック機関（大蔵省関東地方財務局、建設省関東地方建設局など）を近県に移転させるものだった。

だが、こうした構想や事業によっても東京圏への経済的中枢管理機能と人口の集中には歯止めがかからない。政府、自民党、財界などを中心としてつぎつぎと構想が打ち出される。多くの話題と誘致合戦を呼びこした首都機能の移転は、東京の過密化を解消するために、中央政府の政治・行政機能を新たな首都の建設によって分散させようとするものだ。道州制も中央集権体制が東京への中枢管理機能の集中を促しているとして、都道府県なる広域自治体を廃止し、全国に一〇から一二程度の道・州という広域行政体を設けようとするものだ。だが、首都機能の移転も道州制も構想の域を越えるものではない。

内発的イニシアティブの欠如

これらの計画、事業、構想は巨視的にみるかぎり、地域の経済発展あるいは東京の政治・行政機能の分散による国土構造の均衡をもとめるものであったといってよいだろう。重厚長大型産業が機能していた時代には、鉄と石油のコンビナートを建設することで、たんに人口の増加を期待できるだけでなく、立地自治体は固定資産税や法人事業税収入による財政上の恩恵を受けることができた。もっとも、この一方において環境汚染などの公害問題を引き起こし、地域住民の生活を危機におとしめたことも忘れるべきではないだろう。

新産業都市に代表される拠点開発、その後に展開された事業や計画に全体としていえるのは、地域の振興に不可欠な地域住民の内発的イニシアティブにもとづき、さらにそれを引き出そうとするよりはむしろ、中央でパッケージされた事業を考案し、多様な誘導手段を用いてその実現を図ろうとするものであることだ。

しかし、こうした政策は恩顧主義にすぎない。たしかに経済的に「衰退」する地域・自治体は、多様な誘導手段に魅力を感じて順応していく。それがまた政権や官僚機構の政治的かつ行政上の資源の増殖につながっていく。政府は「地域の再生」「持続可能な地域社会」、それによる「多極分散型の国土の形成」というが、それとは裏腹に中央集権体制の一層の強化に結びつくし、経済のグローバル化の進行と高度の情報化のもとでは、政治・行政の中枢管理機能の所在する都市への経済的中枢管理機能の集積に結びつく。こうした背理は、「地方創生」なる政策・事業においても繰り返されていよう。

2 「地方版総合戦略」と柔らかな中央統制

戦略のフレーム

自治体が「まち・ひと・しごと創生総合戦略」にもとづき「地方版総合戦略」を策定することは法的義務ではなく任意である。だが、全国の自治体は一斉にその策定に取り組んだ。自治体の首長たちが口を揃えて「地方分権の時代」「自己決定の時代」を語った二〇〇〇年の第一次地方分権改革からすでに

【留任】			
副総理・財務・金融	麻生　太郎	73	衆⑪福岡 8
外務	岸田　文雄	57	衆⑦広島 1
文部科学	下村　博文	60	衆⑥東京11
国土交通	太田　昭宏	68	衆⑥東京12＝公
経済再生	甘利　明	65	衆⑩神奈川13
官房	菅　義偉	65	衆⑥神奈川 2
【新任】			
総務	高市　早苗	53	衆⑥奈良 2
法務	松島みどり	58	衆④東京14
厚生労働	塩崎　恭久	63	衆⑥愛媛 1（参①）
農林水産	西川　公也	71	衆⑤栃木 2
経済産業	小渕　優子	40	衆⑤群馬 5
防衛・安保法制	江渡　聡徳	58	衆⑤青森 2
復興	竹下　亘	67	衆⑤島根 2
地方創生	石破　茂	57	衆⑨鳥取 1
科学技術	山口　俊一	64	衆⑧徳島 2
拉致	山谷えり子	63	参②比例（衆①）
【ポスト未定】			
	有村　治子	43	参③比例

■自民党執行部			
副総裁	高村　正彦	72	衆⑪山口 1＝留
幹事長	谷垣　禎一	69	衆⑪京都 5
総務会長	二階　俊博	75	衆⑩和歌山 3
政調会長	稲田　朋美	55	衆③福井 1
選対委員長	茂木　敏充	58	衆⑦栃木 5

安倍改造内閣（敬称略，名前の後は年齢，丸数字は当選回数，地名と数字は選挙区，公は公明党，留は留任）．『朝日新聞』2014 年 9 月 3 日．

約二〇年だが、この国はなんとも中央権力にとって御しやすい国のようだ。ともあれ、二〇一四年末に一五年度中の「地方版総合戦略」の策定をもとめられた自治体のほとんどが、一五年の秋までに作業を終了した。こんな短時間に地域の創生戦略がまとめられるはずもないのだが、これは「地方版総合戦略」にもとづく交付金の申請締め切りが一五年一〇月であったことによる。

内閣官房まち・ひと・しごと創生本部事務局は、「地方人口ビジョン・地方版総合戦略の策定に当たっての参考資料」なる一種のマニュアルを作成し自治体に示した。そこでは①地方における安定した雇用の創出、②地方への新しい人の流れをつくる、③若い世代の結婚、出産、子育ての希望を叶える、の三点が地方版総合戦略の柱とされ、それぞれについての具体的な施策・事業と施策ごとの評価指標が「参考」として掲げられた。だが、右の戦略の柱とされた三点にはまったく目新しさはない。内政を担当する各省のキャリア組官僚を集めた事務局ではあるが、その政策構想力のレベルを物語っていよう。

とはいえ、これに「忠実」な自治体の政策構想力にも疑問がもたれよう。たとえば、東北地方のある県の総合戦略は①やりがいと生活を支える所得が得られる仕事を創出し、新たな人の流れの創出を目指す、②社会全体で子育てを応援し、出生率の向上を目指す、③医療・福祉や文化・教育などの豊かなふることを支える基盤の強化を進め、地域の魅力向上を目指す、となっている。また関西地方の国際観光都市を抱える自治体の総合戦略の柱とされたのは、①未来を拓く人をつくる、②地域経済を活性化させ、仕事をつくる、③持続可能な活力ある地域をつくる、だった。いずれも斬新さがないどころか、さきの内閣官房のマニュアルをなぞった「おざなり」といってもよい代物だ。

自治体の「地域版総合戦略」にはこれらの基本目標にもとづく施策が並べられているが、それらはすでに各自治体が作成し実行中の総合計画（名称は多様）に記載された施策を「再構成」したものといってよい。さきにも述べたように、「地方版総合戦略」の策定に課された時間的制約は、ゼロベースでの作成を不可能とする。否、自治体は総合計画にもとづき施策・事業を展開してきたのであり、「地方版総合計画」の策定にあたってゼロベースから施策を構想することは、けっして好ましいことではない。仮に政権が、ゼロベースからの施策の立案を期待していたとすれば、自治体の政治・行政の構造が理解されていないといわねばならない。しかも、繰り返された地方振興施策の「失敗」に学んでいないといえよう。つまり、なんらかの利益誘導を手段とした構想を「中央」から発するならば、それは実現にむかうという「恩顧主義」から脱却できていないのだ。

評価指標の設定と「期待値」

内閣官房まち・ひと・しごと創生本部は、地方版総合戦略の施策には客観的な重要業績評価指標（KPI Key Performance Indicator）を設定するようにもとめた。これは「行政活動そのものの結果に係る数値目標（例 行政が実施する企業立地説明会の回数）ではなく、その結果として国民にもたらされる便益に係る数値目標（例 雇用創出数〇〇人、転入人口〇〇人増加）をいう」と説明されている。

一九九〇年代末以降に隆盛したＮＰＭ（新しい行政管理 New Public Management）運動の影響を受けて行政の施策・事業の評価指標の作成とそれによる管理の改善が、中央各省・自治体ともに重要な流れとなっている。新自由主義の影響を受けたＮＰＭ運動の内容についてここでは論じないが、施策・事業の評価を試みること自体は批判されるべきことではない。ただし、右のような重要業績評価指標の説明は、なんとも「杜撰」といえよう。

ここにいう重要業績評価指標は、行政活動のアウトプットとアウトカムの峻別をもとめているようである。だが、理論的にいって地方版総合戦略に行政活動のアウトカム（成果指標）を記載するようにもとめるのはかなりの無理がある。右の内閣官房まち・ひと・しごと創生本部の例示にそくしていうと、自治体が企業の立地（誘致）をもとめて立地説明会の開催や租税特別措置（固定資産税や法人住民税の減免などの優遇措置）をさだめたとする。これは行政活動のアウトプットだが、それによって企業の立地数や雇用者数（住民人口）の増加があったとしても、そこでは行政活動とは別のファクターも事態を左右する。外国為替、株価、地価、物価の動向、消費性向、生産人口や学歴状況、インフラストラクチャーなどが、その一例だ。行政活動のアウトプットは、企業立地を促す一つの変数にすぎない。理論的には多変量回帰分析を用いて行政活動のアウトプットの影響度を推定するのは可能である。ただし、企業立地数を従属変数として、それを説明すると思える独立変数（説明変数）からなる方程式をつくらねばならない。とりわけ説明変数をどのように選択するかは難題である。

実態からいうと、地方版総合戦略を作成した自治体が、そのような難題を解決して重要業績評価指標を掲げたわけではない。地方版総合戦略にもとめられたＫＰＩは、結局のところ、良好な行政活動があればよい結果（成果）を生み出すという「素朴」な仮説に立脚しているにすぎない。自治体が記載した重要業績評価指標は「期待値」にすぎないのだ。

このようにみてくるとき、政権の重要政策とされた地方創生は、一見すると自治体の自主性を評価しているようにみえるのだが、その内実は地方版総合戦略の策定をその中身にわたって指導したものであり、しかも内容はきわめて「空疎」だといえよう。日本創成会議と政権の関係はもう一つ不明だが、同会議のいう「自治体消滅」への危機感を奇貨として政権の統合力を強めようとするものといってよい。

3　地域社会の持続に問われるもの

「人口ダム」論は地域を衰退させる

安倍政権の地方創生政策は、地域社会の持続可能な発展の道を提示するものではなく、総人口の減少を食い止めることを「至上」の目標にしているようにみえる。政府は人口の減少が「生産力の低下」や「地域の消滅」を促すと強調する。だが、「限界集落」という言葉が語られるようになって久しいが、「限界集落」は消滅しただろうか。あるいは、「限界集落」はただただ消滅を待つ活力のない地域だろうか。住民が高齢化していることは否定しえないが、大都市内部の地域にはみられない住民の生きる知恵と工夫のもとに豊かな人間関係を築き上げている集落も数多くみられる。

人口は生産力の基礎条件であるとしても、その増加のみが政治と行政の追求すべき道ではない。「定常社会」を肯定的にとらえ、生産力至上主義とは異なる生き方を追求する道もある。だが、集権的な統治機構のなかで育った中央官僚機構には、それはそもそも政策選択肢として存在しない。せいぜいのところ、「選択と集中」なる言葉を掲げて、「選択」つまり「捨象」部分と重点的投資対象部分を峻別し、旧来型の拠点開発によって人口の維持を図ろうとすることになる。

二〇二〇年に一億人程度の人口を確保するという地方創生政策の背後でさかんに唱えられているのは、「選択と集中」にもとづく「人口ダム論」だ。「連携中枢都市圏」といった構想も存在する。いわんとするところは、全国にいくつかの経済中枢機能をそれなりに備えた都市をつくり、東京大都市圏への人口流入を防ごうとするものだ。「人口ダム論」にはマスコミや言論界の一部に肯定的な論調がみられる。おそらく「人口ダム」と位置づけられた都市には人口の流入が起こるであろう。だが「人口ダム」機能都市に重点的政府投資をおこない経済社会的に「繁栄」させるならば、後背地域は「捨象」された地域としての運命を辿っていけばよいのか。それは中央集権型行政と政治には当然の結論なのであろうが、「定常社会」における人間の尊厳の否定以外のなにものでもなかろう。「人口ダム論」は拠点都市の「繁栄」を生み出すかもしれないが、この国を全体として見渡すならば、地域の衰退に結びつかざるをえないのだ。

「人口ダム論」は、政権が政策基調としている新自由主義とそれに同調しつつも集権的行政思考から抜け出せない中央官僚機構の病理を、集約的に表現していよう。この国のすべての地域を経済成長率や個人所得などにおいて等しく「発展」させることはできない。自治体や地域住民の努力の程度に関係なく、「不均衡発展」とならざるをえない。マクロな経済指標をメジャーとするならば、このことを否定することはできない。ただし、そこに生じる「負け組」を切り捨てるかぎり「地域の発展」は展望できないといわねばなるまい。

地方創生の片鱗もない「新三本の矢」

安倍政権は二〇一五年九月に成長戦略として「新三本の矢」を閣議決定した。これは政権発足時の成長戦略としての「三本の矢」の実績を踏まえた改訂版ではない。「三本の矢」とは、「異次元の金融緩和」によるインフレと円高の誘導（第一の矢）、大規模な公共事業（第二の矢）、規制緩和の徹底（第三の矢）だった。異次元の金融緩和としてゼロ金利政策が採用されたが、想定された消費者物価のインフレは生まれていない。規制緩和についてはすでにみたような国家戦略特区や労働基準の緩和がすすめられたものの、政治スキャンダルを引き起こすとともに労働条件の「改悪」なる批判を呼び起こしている。公共事業予算の増額は続いているものの、自民党に伝統的な手法である公共事業による経済成長は、経済構造の大規模な変化に適合するものではない。

「新三本の矢」は、「三本の矢」などなかったかのように、ソフトな言葉で表現されている。「希望を生み出す強い経済」（第一の矢）によってGDP六〇〇兆円を実現する。「夢を紡ぐ子育て支援」（第二の矢）として希望出生率一・八を実現する。「安心につながる社会保障」（第三の矢）として介護離職をゼロとする。旧「三本の矢」と「新三本の矢」とのあいだには、ほとんどなんの関連性もない。実際、旧「三本の矢」の結果についてなんらの総括もされていない。「新三本の矢」のうち第二、第三の矢とされているものは、特段「成長戦略」といわずとも内政上の重要課題であり、そのための政策・事業の作成は喫緊の政治課題だ。

ところで、この「新三本の矢」なるものには、前年の一〇月に華々しく打ち上げた「地方創生」は、その片鱗すらみせていない。つまりは、政権にとっては経済成長が最重要なのであって、「地方創生」は政権が真摯に追求しようとする政治課題でないことを図らずも物語っていよう。

こうした状況を直視するとき、地域の豊かさを考える際の基本的視点としたいのは、個々の人間も、そして人びとが生活を営む地域社会も、それぞれ個性をもっていることを承認することである。そのうえで、人口という顔のない記号を「豊かさの指標」とするのではなく、個性ある人間の営みをエンカレッジするシステムを、地域民主主義にもとづき築くことであろう。

地域民主主義が地域社会を再生する

二〇〇〇年の第一次地方分権改革は、少なくとも高度に集権的であった中央・自治体関係に制度的変革の可能性を切り開くものであった。なによりも、市民の選挙で選ばれた首長を中央各省の地方機関とする、制度矛盾もはなはだしい機関委任事務制度にピリオドを打った。これを突破口として自治体を地域の総合的政府とすることが期待された。しかし、この第一次地方分権改革は税・財政面での地方分権改革を先送りした。このことにたいする自治体側の不満は大きい。しかも、その後の歴代政権は中央政府財政の「逼迫」を理由として、地方交付税交付金などの中央から自治体への移転支出を削減してきた。

こうした状況が一時の地方分権への熱気を失わせ、自治体の中央依存指向をより強めている。だが、地方分権改革がいまや「失われたアジェンダ」となっているのは、自治体の首長ら政治リーダーが住民の地域づくりへのイニシアティブを積極的に引き出そうとしていないからだといえよう。

日本創成会議の主要メンバーや首相は、島根県の隠岐諸島に位置する海士町を、地方創生の「模範生」であるかのように語る。政治的宣伝に利用するのは「自由」だろうが、海士町は「地方創生戦略」にしたがった「模範生」などではない。

筆者は二〇一八年五月三〇日まで四期一六年にわたって在任した山内道雄町長と二〇年来の付き合いだが、彼はとりわけ町長就任後、財政危機に当面する海士町の再建にむけて徹底した住民との対話を重ね、まちおこしのアイディアを引き出してきた。その施策化が徐々に成功するにおよんで住民たちは町長への信頼感を高め、より能動的にアイディアを提起していったのである。あれほど多くの自治体が「バスに乗り遅れるな」といわんばかりに同調した「平成の市町村合併」も、海士町は独自の道が失われるとして拒否した。海士町が「横並び指向」で将来をみていたならば、ＵＪＩターンの若者を惹きつけるまちとはなっていなかったであろう。

海士町の「成功」を離島の小規模自治体だからできたと理由づけてはなるまい。海士町には、中央の利益供与を当て込んだ依存指向からの脱却こそが、地域再生の道であることを学ぶ必要があろう。地方分権改革は住民の自治に信頼をおかないところで実現にむかうものではない。住民自治すなわち地域民主主義が地域社会を再生させるのだ。自治体の政治・行政リーダーは、中央依存指向から大胆に脱却すべきときである。すでに述べてきたように中央官僚機構には地域再生の政策構想力は失われている。中央政府官僚は自らの限界を認識し、高次の政策機能の発揮にむけて自己改革を図るべきである。

第7章 「居住の権利」を奪う政策の貧困

「地震大国」「地震列島」というありがたくない別称を冠されたこの国では、大小規模の地震が全国各地で頻発する。二〇一一年三月の東日本大震災を発災させた巨大地震の記憶も生々しい二〇一六年四月には、熊本県南部から大分県にかけて、大小規模の地震が連続的に発生し地域の崩壊をもたらした。震災をはじめ洪水、火山噴火など大災害のたびに被災者の居住の問題がマスコミで大々的に報じられ、その根本的解決をみないまま、いつしか議論は消え去っていく。実際、東日本大震災からまもなく八年が経過するが、被災者の生活の苦境を報じるテレビニュースや新聞報道は、いまや片隅に追いやられている。

だが、復興庁の発表によれば、二〇一八年五月二九日現在で、東日本大震災の避難者数は約六万五〇〇〇人であり、四七都道府県、一〇三六の自治体に所在している。このうち四万四五六三人が、応急仮設住宅、公営住宅、民間賃貸住宅に居住している。また親族、知人宅、県の借上げでない住宅に居住している避難者は一万九七四三人を数える。応急仮設住宅は日照・通風が悪いのはもとより、雨漏りや雪害対策も不十分であり、さらには居住者のプライバシーが保たれる構造とはなっていない。「応急仮設」

は八年も経つ今日、「恒久」となりかねない状況だ。つまりは、「健康で文化的な生活」など「絵空事」にも等しいのが実態である。

こうした状況は、たんに巨大地震をはじめとした大災害への対応の不十分さを物語っているのではない。政治や行政が平時から居住の権利を重視していないからではないだろうか。そのような政治と行政の病理が、大災害時に集約的に露わになっているというべきだろう。本章では「公共」的であることを目指すべき日本の居住政策の歪みに焦点をあてる。

1　原発のシビアアクシデントと「居住の権利」の無視

避難指示区域の解除は妥当なのか

二〇一一年三月一一日に発災した東日本大震災は三陸沿岸地域を壊滅的状況に陥れた。巨大津波は二万人近い死者・行方不明者をもたらした。だがさきの復興庁の公表資料によるならば、依然として岩手県で六三四九人、宮城県で五七五〇人の人びとが応急仮設住宅などに暮らしている。こうした多数の避難者の生活が居住の権利を保障するものでないのは、繰り返すまでもない。

東日本大震災が未曾有の大災害となったのは、大津波による三陸沿岸の崩壊にくわえて東京電力福島第一原子力発電所の四基の原子炉を破壊したことによる。そして眼にみえない高濃度の放射性物質を放出し、原発立地自治体の住民はもとより原発から三〇キロメートル近く離れた飯舘村の住民もまた強制

原発事故の避難指示区域．解除1ヵ月，人通りの少ない福島県川内村下川内の町並み（写真提供　共同通信社）．

避難が指示され、故郷から放逐された。「居住の権利」そのものが根底から奪われたにもかかわらず、避難民への政府や東京電力の対応は、人びとの生きる権利を「無視」しているに等しい状況にある。

原発の過酷事故については多くの著作が刊行されているが、そのなかで吉田千亜『ルポ 母子避難――消されゆく原発事故被害者』は、原発被災者の居住の問題に焦点をあてた傑出したルポルタージュだ。

政府は原発事故を受けて年間放射線量二〇ミリシーベルトを超える地域を対象として「避難指示区域」を設定し、住民に強制避難を指示した。だが、「避難指示区域」外にも放射線量の高い地域は各地にみられるし、そもそも二〇ミリシーベルトにどれほどの安全性があるのか、多くの疑問が展開されているのが現実だ（たとえば、日本産業衛生学会「許容濃度等の勧告（二〇一五年度）」『産業衛生雑誌』第五七巻、二〇一五年）。したがって、「避難指示区域」を外れているからといって

「安全」な生活ができるとはならない。こうして、本来は「避難指示区域」外避難者というべきだろうが、一般に「自主避難者」と呼ばれる多くの人びとを生み出した。しかし、「自主避難者」という呼称には「勝手に逃げた」という意味合いがついてまわる。東電の賠償も「強制避難者」と明確に区分されている。

自主避難者の多くは母子避難者である。吉田千亜は子どもたちの健康と成長を願って避難した女性たちに焦点をあてる。母子避難はけっして順調に夫婦間や親族の同意を得られるものではなかった。避難先の住宅を見つけるのも容易ではないし、借上げ住宅の提供条件もきびしい。生活の経済的条件も母子避難の長期化とともに困難さを増し、家庭の崩壊、生活の困窮、そして精神的疾患が追い打ちをかける。

避難指示区域の解除と帰還の促し

ところで、政府はこうした状況下の二〇一五年六月一二日、帰還に向けた取り組みを加速するとして、帰還困難区域を除く避難指示区域について、遅くとも事故から六年後(一七年三月)までに解除すると閣議決定した。そして、二〇一七年三月、この決定にもとづいて、年間放射線量が二〇ミリシーベルト以下に低下したとして、帰還困難地域を除いて避難指示区域の解除がおこなわれた。

避難指示区域内の自治体は帰村(町)式を実施したものの、原発事故前の居住者の五パーセント程度が帰還したにすぎない。その後、徐々に増えているが、一〇%程度だ。理由はある意味で明白である。帰還しても除染の進行は遅々としており、田園は除染作業で排出された土壌などを入れた黒い大きなフレコンバックで覆われており、農業を再開する余地に乏しい。事業所も依然として閉鎖状況が続き雇用の口はかぎられている。子どもをもつ若年層は、二〇ミリシーベルトなる空間放射線量に不信感をもち子どもの健康を考え躊躇する。七年余の時間は子どもの就学もふくめて避難先に不十分ながらも生活の足場をもたらしている。こうした要因が複合することによって、単純に避難指示区域の解除＝帰還とはならないのだ。

それゆえに、さきにみたようになお多くの避難者が存在する。福島県は避難指示区域である富岡町、大熊町、双葉町、浪江町、葛尾村、飯舘村の六町村、および南相馬市、川俣町、川内村の一部地域からの避難者にたいする応急仮設住宅の供与を二〇一九年三月まで延長するとした。だが、このことは依然として応急仮設住宅なる「劣悪」な環境での生活を強いられる人びとがいるということだ。空間放射線量の「安全値」（年間一シーベルト以下）とされる地域での復興住宅の建設はもとより、雇用の確保などの生活保障を着実かつ急いで進めるべきではないか。それは福島県のみならず政府そして東電の責任であるといわねばなるまい。

一方、避難指示区域外から避難した「自主避難者」について福島県は、二〇一五年六月一五日に、自主避難者への借上げ住宅の提供を一七年三月末で打ち切ると発表した。避難指示区域が解除されるのだから、避難指示区域外からの避難者には当然の措置といわんばかりである。自主避難者からは猛烈な異論が提起された。結局、県は避難を継続する世帯向けに民間賃貸住宅の家賃の補助を一七年度から実施するとした。家賃の補助は県がさだめた所得基準額以下の世帯が対象であり、母子避難などの二重生活世帯については世帯全体の所得の二分の一として取りあつかうとした。対象期間は一七年四月から二年間とされ継続も予定されるとした（この詳細については、奥森祥陽「避難する権利」日本居住福祉学会編『憲法と居住福祉』）。

こうした自主避難者にたいする借上げ住宅の提供打切りは、けっして原発の過酷事故にともなう特異な事象と考えてはなるまい。避難指示区域を解除し住民に帰還をもとめる政府は、安全な居住が保障されると考えているのだろうか。ここには個人の自主努力・自己責任と市場を重視する日本の居住政策の歪みが、端的にあらわれていよう。

実際、所得格差の進行する経済状況のもとで、居住の貧困は全国的に生み出されているといってよい。居住はたんに物理的なハコとしての住居があることを意味するのではない。経済的にも社会的にも安心できる生活の営みを意味している。政府の活動の根底におかれるべきなのは、まずなによりも人びとの居住の権利を保障することなのだ。

2　住生活基本法の意味するもの

相次ぐ住宅関連法

二〇〇六年六月、従来の住宅建設計画法（一九六六年）に代わって住生活基本法が制定された。同法は「住生活の基盤となる良質な住宅の供給」「良好な居住環境の形成」「住宅を購入する者の利益の擁護と増進」「居住の安定の確保」の四つの基本理念をさだめた。これを受けて二〇〇六年九月には第一次の「住生活基本計画」が閣議決定された。さらに、翌二〇〇七年には住宅セーフティネット法（正式名称は「住宅確保要配慮者に対する賃貸住宅の供給の促進に関する法律」）が制定された。前者は住宅市場の活性化を促進し「良質」な住宅の建設を図ろうとするものだ。後者は「住宅確保要配慮者」という言葉が用いられているように、高齢の生活困窮者、低所得の母子家庭、障害者、被災者などの住宅困窮者にたいして賃貸住宅の供給を促進し、居住の安定を図ることを目的とするとされた。

「居住の安定」という同じ言葉が使われているものの、かなり含意の異なる法律が相次いで制定されたのは、ひとつには当時の経済状況を反映して住宅困窮者が増加したことによろう。ただし、政治的にみれば、経済成長戦略として住宅市場の活性化を図ろうとする前者への批判を避けようとしたものといってよい。

これらの法律の制定から一〇年を経た二〇一六年、第三次の「住生活基本計画（全国計画）」が閣議決定された。これはさきに記したように二〇〇六年九月および二〇一一年三月に閣議決定された第一次・第二次計画を見直したものだ。ここでは住宅確保要配慮者にたいする「居住の安定」を図るために、空き家の活用や家賃補助制度の導入などが提起されている。だが、低所得者の居住の安定にとって不可欠なのは、のちにも述べる公営住宅の大規模な拡大だ。とはいえ、それは計画目標とされていない。空き家の活用、家賃補助をいうのは簡単だが、そもそも空き家の定義、その行政による「収用」などは依然として法的にさだめられていない。家賃補助も生活保護の住宅扶助とどのように関係づけるのかは、不明確なままである。民間の低家賃住宅（木造アパート）は、大都市部では減少の一途であるばかりか、快適さには程遠い。それにもかかわらず、敷金、礼金、さらに保証人制度は生き続けており、低所得者には、これすら容易にアクセスできるものではない。実際、住宅セーフティネット法の制定後、川崎市、札幌市で簡易宿泊所ないしそれに近い賃貸アパートの火災が続き、高齢住宅困窮者の犠牲者を出している。結局のところ、さきに述べたように東日本大震災の避難者にたいする低水準の住居が象徴するように、住宅困窮者への政府の対応は具体的に進展していないといってよい。

三世代同居・近居の推奨が意味するもの

このところ、住宅リフォーム会社の新聞・テレビでの宣伝が目立っている。住宅リフォーム会社から見栄えのよいパンフレットが送られてきた読者もいるだろう。第三次の「住生活基本計画」は、八つの目標を掲げている。このうち「住宅ストックからの視点」として、目標4「住宅すごろくを超える新たな住宅循環システムの構築」、目標5「建替えやリフォームによる安全で質の高い住宅ストックへの更新」が記載されている。

実は、この「住生活基本計画」は、安倍晋三政権が二〇一六年六月二日に閣議決定した「ニッポン一億総活躍プラン」と密接に関連している。もともと「一億総活躍」という言葉に違和感を覚える者は少なくないだろうし、筆者もそうである。違和感の根底にあるのは、「一億」なる集合（塊）として人間をとらえており、ライフスタイルを異にする個人の姿が見えないことだ。もっとも、「一億総活躍プラン」は個々の人間の個性を重視した「活躍」が目的なのではなく、経済成長戦略の一環だから、「一億」という塊として人間をとらえることになるのだろう。しかし、それにしても大部の「ニッポン一億総活躍プラン」には、居住の安定を図り人が人として暮らすしくみについて、具体的な構想は示されていない。逆に居住の貧困など「解決済み」というかのようなプランが掲げられている。

「ニッポン一億総活躍プラン」では、「希望どおりの人数の出産・子育て（保育・育児不安の解消）」として、「子育てを家族で支える三世代同居・近居しやすい環境づくり」が掲げられた。ここで述べられた政策とは、つぎのようなものだ。①三世代同居に対応した優良な住宅の整備またはリフォームへの支援を実施（台所、浴室、トイレ、玄関のいずれかが二つ以上となる工事の場合、新築三〇万円／戸、リフォーム五〇万円／戸を限度に補助加算）、②三世代同居に対応した住宅リフォームに係る所得税の特例措置（税額控除）を実施（台所、浴室、トイレ、玄関のいずれかが二つ以上となる工事の場合、標準工事費の一〇％を所得税額から控除またはローン残高の最大二％を所得税額から五年間控除）、とするものである。

これはたんなる将来プランではない。すでに二〇一七年度から実施に移されている。この施策の特徴は親との「同居」にくわえて「近居」を対象としていることだ。親と同居せずとも近隣（その距離が明示されているわけではない）に住んでいるならば、戸建ての持家をリフォームするか、建築しようとする世帯は、補助や所得税の税額控除を受けることができる。

これが多くの批判を呼び起こしているのは、明らかにある特定の経済階層を対象とした補助であり租税特別措置であることだ。しかも、三世代同居、近居による子育てが望ましいとしていることだ。ご丁寧に「親との居住距離が近い夫婦ほど出生する子ども数が多くなる」として、二〇一〇年の完結出生児数をもとに同居二・〇九人、近居一・九九人、別居一・八四人なる数値があげられている。少子化も保育所問題も三世代同居・近居で解決されるといわんばかりだ。そもそも、三世代同居や「近居」が社会経済構造の変化のなかで不可能となっていることは無視されており、きわめて限定されたサンプルをあげて普遍化できるように述べること自体、合理性を欠くといわざるをえない。

政府の補助や租税特別措置を誘因として住宅の建築やリフォームがすすむならば、建築経済に寄与し経済の成長につながるかもしれない。実際、リフォームの市場規模について「住生活基本計画」は二〇一三年の七兆円を二〇二五年に一二兆円とするとしている。

しかし、その「恩恵」が滴り落ちる範囲はかぎられている。日本の相対的貧困率は二一世紀に入って徐々に悪化し、いまや一六％である。さまざまにその様相が報道される「子どもの貧困」あるいは少子化は、居住の権利を支える社会的インフラの整備を政府の責任として果たしてこなかった結果であるといっても過言ではあるまい。若い世代の夫婦（シングルマザー・ファザーも多数いる！）にとって「親との居住距離」が問題なのではなく、良質な住居と生活の公的な支援、社会インフラの整備こそが必要なのだ。それが欠けていて、どうして人が人として「活躍」できるだろうか。

3　自治体に問われる居住政策

公営住宅法は生き続けているが……

「居住の安定の確保」などを掲げた住生活基本法、さらに住宅セーフティネット法が続けて制定されながらも、住生活基本計画やニッポン一億総活躍プランにみるように、新自由主義に多分に傾斜した住宅政策が展開されている。

住生活基本法は住宅建設計画法に代わるものとされ、住宅建設五ヵ年計画も廃止された。だが公営住宅法（一九五一年）は生き続けている。公営住宅法が制定された当初の目的は敗戦による住宅難の解消にあった。住宅建設計画法にもとづく第一期住宅建設五カ年計画が策定されたのは一九六六年であった。住宅建設計画法と第一期住宅建設五カ年計画もそれを引き継ぎ、住宅の量的充足を目的としていたが、一方において政府の住宅政策は住宅金融公庫の設置と公的融資による持ち家政策の推進へと傾斜していった。さらに、住宅金融は民間金融機関によって大規模に推進されるようになり、公的な住宅融資は後退していった。

第三期住宅建設五カ年計画（一九七六年）以降は、公営住宅の量から質への転換を目的とするようになるが、公営住宅の居住面積の拡大のみならず公営住宅を軸としたまちづくりなどは、まったく住宅政策の対象ともされなかった。都市計画法・建築基準法などの相次ぐ「改正」によって、いまや大都市部を中心として超高層集合住宅が林立し、いったい都市は誰のためにあるのかを真剣に考えねばならない状況にある。

こうしたなかで公営住宅はもはや「余り物」（残余化）といったことさえ語られる。公営住宅の入居者には高齢者や障害者、母子家庭、低所得者が次第に増加していった（角橋徹也・塩崎賢明編『住宅政策の再生——豊かな居住を目指して』）。実際、公営住宅の世帯主年齢をみると二〇〇五年度に六五歳以上は三五・八%だったが、二〇一四年度には四九・六%となっている。一部に入居者の特性をもとに公営住宅の「福祉住宅化」を指摘する声がある。たしかに、低所得者などにたいする住居の供給という意味では「福祉住宅」であるといえようが、人間の尊厳と居住の権利を守る社会保障政策からは程遠い。現代の福祉政策は「救貧政策」に回帰してはならないのだ。

地方分権は公営住宅政策に変化をもたらしたか

住宅建設計画法の廃止後も公営住宅法は生き続けている。同法は入居基準などを一律に規制してきた。この意味で公営住宅法はきわめて集権的色彩の濃い法律であった。

二〇〇〇年四月の第一次地方分権改革によって機関委任事務制度は全廃されたが、自治体行政は多くの分野で法律・政令等がさだめる実施基準などに規制されてきた。地方分権の時代といわれながらも、自治体行政の政策裁量の余地は大きくなかった。第一次の安倍政権が設置した地方分権改革推進委員会は、法令等による自治体行政の「義務付け・枠付け」の緩和を主要な改革課題としてとりあげた。同委員会の勧告を受けた民主党政権は、二〇一一年四月に第一次の「地域の自主性及び自立性を高めるための改革の推進を図るための関係法律の整備に関する法律」（第一次一括法）を成立させた。

これは法令によって自治体行政に「義務付け・枠付け」してきた多くの基準を自治体の条例にゆだね

るものだ。ただし、法令の規制は「従うべき基準」「標準」「参酌すべき基準」に三分類された。「従うべき基準」は文字どおり法令上の基準を条例に規定せねばならない。ただし、これは最低基準であって上乗せは可能である。「標準」は通常よるべき基準であり、合理的理由があるならば異なる基準をさだめることができる。「参酌すべき基準」とは、法令の基準を十分参酌したうえならば、異なる基準をさだめることができる、とするものである。

「義務付け・枠付け」の緩和を目的とした第一次一括法には、公営住宅法令の入居基準、整備基準の「緩和」が盛り込まれた。従来、入居収入基準は月収一五万八〇〇〇円以下で全国一律だったが、対象者の月収の範囲を条例でさだめることができる（政令の規定は参酌基準）。同居親族要件は法律上削除され、同要件の適否は条例で設定することになった。単身者を対象とすることもできる。とくに居住の安定を図る必要がある場合（「裁量階層」）については、従来その範囲が「六〇歳以上の高齢者」「未就学児童がいる世帯」等と規定され、収入範囲は月収二一万四〇〇〇円（収入分位下位四〇％）以下とされていたが、その範囲、対象となる収入基準は条例事項とされた（ただし、施行令第六条第一項で二五万九〇〇〇円を上限）。また公営住宅の整備基準は、従来、省令（公営住宅等整備基準）によって一戸あたりの床面積の合計は一九平米以上とされていたが、省令基準は「参酌基準」とされ条例で設定することができる（ただし省令は原則一九平米以上から二五平米以上に変更された）。その他に共同施設（児童遊園、集会所、駐車場など）の規定も参酌基準とされ、条例にゆだねられた。

法律のみならず政令・省令で自治体の行政を全国一律にきびしく縛ってきた「義務付け・枠付け」の

緩和＝条例化は、たしかに地方分権改革の成果といってよい。公営住宅法令の改正にもとづき、裁量階層の対象範囲を「一八歳未満の者が三人以上いる世帯」（福井県越前市）、「中学生以下の児童のいる世帯」（横浜市、京都市、神戸市、長野市など）とし、また「親族でない六〇歳以上の者の入居可」（長野市）などを条例にさだめた自治体もある。

ただし、全国的にみれば、「義務付け・枠付け」の緩和＝条例化を受けて既存の公営住宅を「居住の権利」の保障へむけた拠点としていこうとする指向は希薄である。そもそも公営住宅の整備基準が緩和されても、公営住宅の新規建設や建替えの動きは低調である。こうした状況が公営住宅の「残余化」あるいは「福祉住宅化」を招いているといってよい。

市民に近い政府が遠い政府を変える

新自由主義が大手を振るうなかで、いま、あらためて「住宅のセーフティネット」がいわれる。人間の尊厳を守るのにふさわしい居住政策とはなにかが問われている。それは国政の重大課題なのだが、そのような議論を加速させるためにも、自治体はまずは公営住宅法令の規制緩和を最大限活用し、市民の居住環境の向上に立ちむかうべきではないか。そもそも、「居住の権利」を最大限保障した住宅の建設そしてまちづくりは、市民生活に最も身近な自治体こそがなしうる。

自治体は公営住宅の「残余化」といった言葉を社会から追放するために、ハンディキャップをもつ人ももたない人も共存できるバリアフリーの公営住宅を建設すべきなのだ。ここにいうバリアとは、身体的障害に限定されるものではない。シングルマザー（ファザー）も子育てに多くのバリアを抱えている。さらには増加する外国人住民もまた、言語のみならず日々の生活において多様なバリアに当面している。バリアフリーの住宅とは、たんにハコの仕様ではない。同じ集合住宅に多くの人びとが共生することを軸として、コミュニティ規模において共生のための社会インフラを整備することである。住宅政策は本来社会保障政策の核心でなくてはならないのだが、この国ではまったく無視されてきた。自治体にはあらためて社会保障政策のパイオニアとしての役割がもとめられている。

第Ⅲ部　市民の尊厳と行政の責任

第8章　道徳教育がはらむイデオロギー——「心の支配」は許されない

民主主義政治体制をとる国の行政は、個人の内面・心に立ち入るばかりか、その「発達」状況を評価し公的文書に残すことを許されているのだろうか。第一次安倍晋三政権の教育再生会議、第二次安倍政権の教育再生実行会議の報告以来、教科としての道徳科の設置が企図されてきた。

もっとも、道徳教育が教科としてなされるべきだという意見は、以前からくすぶり続けてきた。文部省（現・文部科学省）は一九五八年の学習指導要領において、小・中学校に各学年週一単位の「道徳の時間」を設けることを打ち出した。その後、「心のノート」と題する副読本も配布された。だが、各学校や教員の取り組みは、まちまちであった。道徳教育推進派からは、「ゆがんだ戦後歴史教育によって道徳教育が忌避されている」「物語を教材としても登場人物の心情風景のみを語る形式指導でお茶を濁している」「他の教科に比べて著しく軽くあつかわれている」といった批判が絶えなかった。

国家主義的な安倍政治の教育への具体的反映として、文部科学省は二〇一五年三月に学習指導要領を改訂し、これまでの「道徳の時間」を改め「特別の教科」として道徳科を設けるとした。この措置は、小学校では二〇一八年度からスタートした。中学校では一九年度から実施される。これは公民教育の一環として社会生活のルールを学習するのとは様相を異にしていよう。子どもたち・教員そして学校という空間が、「国家」なる擬制のブラックホールに吸収されだしたといったら過言だろうか。

1　なにを指導しようとしているのか

指導の観点とされているもの

道徳教育の教科化は、いったいなにを目標としているのだろうか。学習指導要領は教科の目標を「道徳性を養うために、道徳的諸価値についての理解を基に、自己を見つめ、物事を（広い視野から）多面的・多角的に考え、自己（人間として）の生き方についての考える学習を通して、道徳的な判断力、心情、実践意欲と態度を育てる」と定義した。だが、「道徳性を養うために……道徳的な判断力を育てる」とは同義反復であって、なにがいいたいのか学校現場も困るのではないか。そもそも、「道徳性」や「道徳的価値」を定義しない学習指導要領は、特定の価値を植えつけるための教育となりかねないだろう。

そこで、「道徳科の内容項目と指導の観点」としてなにが述べられているのかを、『中学校学習指導要領解説　特別の教科　道徳編』（以下、『解説』）にもとづき、重要と思える事項についてみておこう。

『解説』は道徳科の内容として二二項目を掲げている。それらはつぎのとおりだ。「1　自主、自律、自由と責任」「2　節度、節制」「3　向上心、個性の伸長」「4　希望と勇気、克己と強い意志」「5　真理

道徳科の教科書表紙

の探究、創造」「6 思いやり、感謝」「7 礼儀」「8 友情、信頼」「9 相互理解、寛容」「10 遵法精神、公徳心」「11 公正、公平、社会正義」「12 社会参画、公共の精神」「13 勤労」「14 家族愛、家庭生活の充実」「15 よりよい学校生活、集団生活の充実」「16 郷土の伝統と文化の尊重、郷土を愛する態度」「17 我が国の伝統と文化の尊重、国を愛する態度」「18 国際理解、国際貢献」「19 生命の尊さ」「20 自然愛護」「21 感動、畏敬の念」「22 よりよく生きる喜び」である。

なお、『小学校学習指導要領解説　特別の教科 道徳編』における指導項目も基本的に同一だが、小学校第一学年・第二学年は一九項目、第三学年・第四学年は二〇項目とされている。第一学年および第二学年からは「真理の探究、創造」「相互理解、寛容」「よりよく生きる喜び」が除外されており、第三学年および第四学年からは「真理の探究、創造」と「よりよく生きる喜び」が除外されている。第五学年および第六学年は中学校とおなじ二二項目だ。

こうした指導項目のそれぞれにおいてなにを教えようとしているのか。すべての項目についてみるのは煩雑だから、道徳科教育の主眼と思える項目についてみておこう。

「真理の探究、創造」では「広い視野に立って多面的・多角的に見ようとする開かれた心や、結論を鵜呑みにせずに論理的・批判的に考える姿勢が必要であることに気付かせ」ることが必要だという。「公正、公平、社会正義」では「自己中心的な考え方から脱却して、公のことと自分のこととのかかわりや社会の中における自分の立場に目を向け、社会をよりよくしていこうとする気持ちを大切にすること」を指導する。「家族愛、家庭生活の充実」では、指導にあたって「父母や祖父母を敬愛する気持ちをより一層深めることが大切」だとし、「家庭生活の在り方が人間としての生き方の基礎であることを十分に理解し、家族の在り方を考えることも大切」だとする。「郷土の伝統と文化の尊重」では、「家族愛」の延長線上といってよいが、「郷土を愛しその発展に努めるように指導する必要がある」としたうえで、「地域社会に尽くし、自己の人生を大切に生きてきた先人や高齢者への尊敬と感謝の気持ちを育むよう」指導に工夫を凝らすことが必要だとする。そして「我が国の伝統と文化の尊重、国を愛する態度」においては、「我が国固有の優れた伝統と文化などの価値を継承し新たな文化を創造していこうとする態度、国を愛する心と国家の発展に寄与しようとする態度を育成することが大切になる」とする。「国際理解、国際貢献」では「世界の中の日本人としての自覚をもち、他国を尊重し、国際的視野に立って、世界の平和と人類の発展に寄与すること」を指導する。

この指導項目の並び順は、道徳科教科書の構成にそのまま反映されるが、「生命の尊さ」「自然愛護」「感動、畏敬の念」「よりよく生きる喜び」が末尾におかれていることに疑問をもつ人びとも多いのではないか。生命や自然の大切さ、人間の力を超えたものへの畏敬の念をもつことを教えるとしているが、未曾有の大惨事をもたらした東日本大震災からわずかに七年である。なぜこれらが末尾なのか。冒頭におかれるべき事柄であろう。

もっとも、学習指導要領の解説をみるならば、これらの項目についての記述はわたしたちが「素直」に想定するような内容ではない。たとえば、「自然愛護」について「自然や動植物を愛し、自然環境を大切にしようという態度は、地球全体の環境の悪化が懸念され、持続可能な社会の実現が求められている中で、特に身に付けなくてはならないものである」とする。特段批判すべきものではないとの意見もあるかもしれない。だが、道徳科としての教育はバーチャル空間ではなく、現代日本でおこなわれる。ならば、きれいごとを語るのではなく、原発のシビアアクシデントなる現実がいかに持続可能な社会を破壊しているかが、率直に教えられねばなるまい。「生命の尊重」においても「先祖から祖父母、父母、そして自分、さらに、自分から子供、孫へと受け継がれていく生命のつながりをよりよく理解する」としている。つまりは、さきの「家族愛、家庭生活の充実」を繰り返しているにすぎない。

偏狭なナショナリズムを植えつけないか

こうした指導内容から浮かび上がるのは、政権・政権党や一部の言論人が強調してきた、公徳心―家族愛―郷土愛―愛国心といったイデオロギー色の濃い価値観であるといってよいのではないか。

いったい学校現場はこうした学習指導要領による教育を、「真理の探究、創造」がいうような方向でおこなうことができるのか。否、文科省はさきに引用した「真理の探究、創造」の項が述べる自由闊達な教育を許容するだろうか。文字どおりの位置づけならば、これは二二の項目のなかで「異質」のようだ。

父母・祖父母への敬愛、家族愛といった事項を教えるべきという。だが、現代社会のありようをどのようにみているのだろうか。家族の構成・形態はまさに多様なのであって、シングルマザー（ファザー）の家庭も数多い。それどころか、保護者から離れ養護施設などで暮らす子どももいる。異性間の婚姻のみで家族が構成されているわけではない。多世代が同居する大家族などは、もはや復元することなど不可能である。大家族のなかで暮らす個人の尊厳が大切にされていたともいえない。美風に彩られた伝統的家族観に立つのではなく、まさに「広い視野から多面的・多角的」に家族なるものを考えるべき時代なのだ。

郷土や国の「伝統と文化」の尊重が強調される。「我が国固有の優れた伝統と文化」ともいう。作成協力者や文科省官僚にあらためて問いたいのは、「我が国固有の優れた伝統と文化」とは、なにを意味しているのかだ。伝統というがそれは日本というかぎられた空間で生み出され、後世に伝えられたものではない。歴史的に古代オリエント、中国、朝鮮半島、東アジアの地域の文化が流入したが、それらの地域も内部的にみれば多様である。日本の「伝統と文化」と一口にいうが、それは流入した多様な文化が、時間の経過のなかでモディファイされてきたものだ。それゆえに、日本の伝統的文化といっても一様ではなく、地域ごとに多様なのだ。

この『解説』のみではないが、右派言論人が「我が国の伝統と文化」と語るとき、かならずといってよいほど「優れた」なる形容詞が冠される。だが、いかなる国・地域の文化にも優れた側面もあれば歪んだ側面もある。「固有の優れた伝統と文化」を学び国を愛する気持ちをもてということは、自文化中心主義さらには偏狭なナショナリズムに通じてしまう。そもそも日本は「単一民族国家」ではない。アイヌ民族にくわえて、戦前の東アジアへの帝国主義的侵略の結果、日本で暮らさざるをえない状況に追い込まれた韓国・朝鮮人が多数いる。いまやその三世・四世が共に暮らす社会となっている。さらに日本の経済発展とともにニューカマーと呼ばれる多くの外国人住民が暮らしている。公立小中学校に通う外国人住民の子どもが七万人を超えている（文部科学省「平成二七年度学校基本調査」）。こうした状況を直視せずに「我が国固有の優れた伝統と文化」を強調し子どもたちに教えることは、「日本なるもの」への同化を迫るもの以外のなにものでもない。個人の尊厳を重視した内面的な行為規範である「道徳」とは整合しないのだ。

「世界の中の日本人としての自覚」も、かなり以前から保守政治家や右派言論人が好んで用いてきた。これはたんに地理的空間のなかの存在を意味するものではない。少し言葉を補ってみれば、実に分かりやすい。「優れた伝統と文化」と「美しい郷土」をもつ日本人であることを自覚して「世界の平和と人類の発展に寄与する」ように励めとは、戦前期日本の教育の焼直しでしかない。それによって世界の「孤児」となり、やがて侵略戦争へ走り国内外に多大な惨禍をもたらしたことを、忘れ去ってはならないのである。

2　誰が、どのように教えるのか

道徳教育推進教員と全校的な指導体制・指導計画

「特別の教科　道徳」というが、教員免許証のカテゴリーに「道徳」は設けられていない。これは当然のことだ。初等中等教育であっても、学校教育の教科は一定のディシプリンの存在を基本として構成される。もちろん、科学的知見の発展にともなってディシプリンに修正がくわえられ、教科の構成に変化が生まれる。このことは自然科学系の教科のばあいは、きわめて分かりやすいが、人文・社会科学系教科においても基本的におなじである。特定の宗教集団の内部教育ならば、天地創造が神によってなされたと教えることも許容されようが、民主主義政治体制の公教育においては、そのような科学的論証になじまない事柄を教科とすることはできない。

道徳はあくまで自由な人格である個人の内面に関する事柄であって、そもそも教科となりえないし、まして教員養成大学・大学院において「道徳科教員」コースなど設けることはできない。もっとも、いつの時代か、教員養成大学に「道徳科教員」コースがつくられ、「道徳」が教員免許証のカテゴリーにくわえられることがあるかもしれない。だが、それは民主主義政治体制の死滅のときである。

学校教育と教科なるものを真面目に考えるならば、「特定の教科」なる冠が付けられているものの、「道徳」を学校教育の教科とすること自体が非科学的なのだ。それにもかかわらず、学習指導要領を改訂して道徳を教科とし、「成績」を判定する。教員免許のカテゴリーを逸脱する「道徳」を誰が教えるのか。文科省は「苦肉の策」ともいうべき「道徳教育推進教員」なるカテゴリーを設けた。これは各学校において道徳教育の推進を中心的に担う「職」とされ学校長が任命する。そして、学校長、教頭、各教科の教員からなる推進体制を確立する。そこでは学習指導要領に記された全体計画にもとづき各学年ごとに道徳科の年間指導計画を作成するとした。

平板な指導計画と教員管理の進行

それぞれの学校現場が実際にどのような道徳科の年間指導計画をつくるかについては、もう少し時間をかけた考察を必要とするかもしれない。とはいえ、近年の学校における教員と授業管理の実態をみるならば、およそ想定がつくのではないか。教員たちには年間活動計画の提出が義務づけられ、自己評価とならんで教頭・学校長の評価がくわえられる。さらに教員たちは一週間の授業計画を学校長に示し、その承認を得なくてはならない。およそ管理教育は児童・生徒の管理もさることながら教員管理としてすすんでいる。

おそらく、小中学校ともに『学習指導要領 解説』に疑問を挟むどころか、それに過剰に同調した指導計画がつくられていくであろう。「家族愛、家庭生活の充実」「郷土の伝統と文化の尊重」「我が国の伝統と文化の尊重、国を愛する態度」といった項目では、現代社会の多様性や多民族の共生が現実に進んでいることは捨象され、現象的に「多数派」である形態を一般化した、平板な教育がなされるに違いない。

過酷な原発事故が家族と地域の崩壊をもたらしたことを、具体例をもって教えることもないであろう。ましてやそれが自然環境のみならず人体に取り返しのつかないダメージをあたえたことを踏まえ、人間の手による制御不可能な科学・技術について、「安全神話」にとらわれずに「論理的、批判的に考える」指導などなされるであろうか。「我が国の伝統と文化の尊重、国を愛する態度」の項目において日の丸・君が代をめぐる歴史と今日の論争が解説されるだろうか。

このように述べれば、「うがちすぎ」との批判が浴びせられるかもしれない。だが、一九九九年の国旗・国歌法の制定後の学校現場、都道府県教育委員会の動きをみれば、事態の予測は難しいことではない。文部省は国旗・国歌法制定前の一九八〇年代から学習指導要領に学校の公的行事での日の丸の掲揚、君が代の斉唱を掲げてきた。そして、これに異論をもつ教員を処分するよう都道府県教育委員会を指導してきた。国旗・国歌法の制定にあたって当時の野中広務・官房長官は、衆議院本会議において「決して強制するものではない」と言明した。だが、事態は法制定後により一層深刻化している。教育委員会は学校長にたいして子細にわたる通達を発し、従わない教員へ懲戒処分をくわえている。

学習指導要領は大臣告示であって法律でも政令・省令でもない。文科省は文部省時代から告示は「法律に準じる公定力をもつ」としているが、法学的には文科省官僚機構の示した「ガイドライン」であって法的強制力をもつものではない。だが、「告示」の法的性格についての議論はすっかり影を潜めており、「当然従うべきもの」「より具体化すべきもの」ととらえられている。

学校長・教頭・道徳教育推進教員を頂点とする道徳教育推進体制は、政権や文科省を慮った平板な授業計画の実行を教員にもとめるものとなるだろう。小学校レベルで道徳科がスタートした二〇一八年度段階では、指導計画を「逸脱」した教員への処罰などは示されていない。とはいえ、仮にそのような教員が出たならば、教員についての勤務評価で「処罰」すればよいだろうということで、文科省中央や都道府県教育委員会は、教科スタート時からあえて波風を立てるような指示を発する必要はないと考えているのかもしれない。だが、日本史の授業内容が学習指導要領に反しているとして教員を懲戒処分した福岡県の伝習館高校事件のように、道徳科の授業が指導計画を「逸脱」しているとの理由で、教員を学習指導要領違反として処罰する日が来ないとはいえない。

他の教科との「整合性」「調和」のゆくえ

ところで、道徳科の学習指導は文科省の学校教育についての他の政策から独立しているわけではない。道徳科についての学習指導要領も他の教科の授業計画との整合性をもとめている。なかでも社会科学系教科との「整合性」「調和」が、今後一段と重要性を増していくことであろう。

文科省は二〇一四年に一六年四月から使われる中学校社会科の教科書を対象として、新たな検定基準を告示した。それは自民党の提言をもとに作成されたものだが、ポイントは第一に政府の統一見解や確定した判例がある場合には、それにもとづいた記述とすること、第二に、近現代の歴史的な事柄のうち、学術的な通説が定まっていない場合はその旨を明記して諸説を示し、生徒が誤解しないようにすること、である。同様の検定基準は二〇一七年度から使用の高校生用教科書の地理歴史、公民にも適用された。

検定基準の見直しにあたって下村博文文科相（当時）は、歴史の記述について「子どもたちがわが国の歴史について誇りと自信を持つことが重要」とした。まさに道徳科教育の主眼を反映させよ、というものだ。

この検定基準の改定の結果、日本の戦後補償については「解決済み」との記述で統一され、沖縄県の尖閣諸島には「解決すべき領有権問題は存在しない」との記述がもとめられた。また、公民科の高校用教科書では、「積極的平和主義」について「アジアをはじめとする広範な地域で自衛隊の活動を認めようとする考え方」との記述が、「国際社会の平和および繁栄の確保に、積極的に寄与していこうとするもの」に修正された（清水書院版）。

これらはまさに「政府見解」そのものである。安倍政権による安全保障法制の制定は、軍事的実力組織である自衛隊の海外展開＝アメリカ軍などとの連携を、積極的に図るものである。初等中等教育の場であっても学問的真理の探究とは無縁ではないのであって、これでは子どもたちの思考空間を縮小させかねないであろう。

しかも、選挙権年齢の一八歳への引き下げにあたって文科省は「主権者教育」を指導した。そこでは政治に参加する意義や政治が自らに与える影響などを生徒たちに理解させるとともに、違法な選挙運動がおこなわれないように選挙制度について理解を深めさせることを目標とするとされた。ところが、「主権者教育」の教員用指導マニュアル（『私たちが拓く日本の未来――有権者として求められる力を身に付けるために［活用のための指導資料］』）が強調したのは、「教育における政治的中立性」の順守である。

「主権者教育」として推奨されていることは、模擬立会演説会や模擬投票の実施である。肝心の「政治」については「国家・社会の秩序を維持すること」であるとされている。主権者にとって最も重要な「政治権力からの自由」「政治権力への自由」の意味内容と、その動態についての考察は、まったく対象外とされている。

なにをもって「教育における政治的中立性」とするかは、きわめて論争的なテーマである。また教員の教育現場における思想・信条や学問的認識にもとづく発言を抑制しうるのかも重要な論点である。だが、『指導資料』は、「教育における政治的中立性」の厳守を掲げ、複数の政治や社会についての見解がある場合には、それらを例示するのにとどめるべきとしている。「教育における政治的中立性」を逸脱する教員に刑事罰を科すべきとの議論は絶えない。自民党は主権者教育において「政治的中立性」を逸脱する教育をおこなった教員を「通告」するようにもとめた。それは整理され文科省に提出されたとの報道もある。

道徳教育と他の教科との整合性が強調されるが、もともと「道徳」と人文・社会科学系学問とを整合させるなどできないことだ。とはいえ、文科省はイデオロギー色の濃い道徳教育と他の教科を整合させようとしている。その結果、「教育における政治的中立性」の名のもとに教員の知見の開示を規制した「主権者教育」にかかる『指導資料』のようなガイドラインは、「道徳教育」のみならず、学校教育全体をこれまで以上に支配していくことになろう。教室における教員は、その思想・信条、専門性や職業人としての尊厳を否定され、萎縮してしまうことが危惧される。しかしそれは、教員にかぎられない。つぎの世代を担う子どもたちのおおらかな、ときに奇想天外な発想を否定し、一定の枠に閉じ込めてしまう。その先にあるのは、過剰なまでの権力への同調と権力による管理でしかない。

3　イデオロギー官庁であってはならない

道徳科教育の児童・生徒評価

道徳科を教科として実施するならば、なんらかの成績判定をせねばならない。文科省の「道徳教育に係る評価等の在り方に関する専門家会議」（座長・天笠茂・千葉大学教授）は、二〇一六年七月『「特別の教科　道徳」の指導方法・評価等について（報告）』（以下、『報告』）をまとめた。『報告』における指導方法・評価等についての記述は、グループ討論や役割演技などにふれているが、基本的に『解説』の繰り返しに等しい。評価についての『報告』は、道徳科が科学的ディシプリンにもとづくものでないだけに、きわめて分かりづらいものとなっている。

『報告』は「道徳科の評価の在り方」として、つぎのように述べる。すなわち、「道徳科については、「道徳的諸価値についての理解を基に、自己を見つめ、物事を（広い視野から）多面的・多角的に考え、自己（人間として）の生き方についての考えを深める」という学習活動における児童生徒の具体的な取組状況を、一定のまとまりの中で、児童生徒が学習の見通しを立てたり学習したことを振り返ったりする活動を適切に設定しつつ、学習活動全体を通して見取ることが求められる」としたうえで、個々の項目ではなく大くくりなまとまりを踏まえて評価すること、とした。さらに道徳教育の質的転換を図ることが道徳教育の目標であり、「学習活動において児童生徒がより多面的・多角的な見方へと発展しているか、道徳的価値の理解を自分自身との関わりの中で深めているかといった点を重視することが求められる」としている。

『報告』は、道徳科の評価は数値によるのではなく、右のような観点に立った記述式とすることが望ましいとした。そして『報告』は「生徒指導要録」のモデルを示し、そこでは「特別の教科 道徳」欄を設け、「学習状況及び道徳性に係る成長の様子」の記入をもとめた。生徒指導要録は公的文書として保存される。

「我が国固有の優れた伝統と文化」を教えるという道徳教育にしては、「評価の在り方」の一文はおよそ日本語ともいえない代物だが、すでに述べたように画一的かつ一定の価値観に貫かれた教科書をもとにして、どうやって「多面的・多角的な見方へと発展しているか」「道徳的価値の理解を自分自身との関わりの中で深めているか」を評価するのか。結局のところ、学習指導要領やその解説、さらに指導計画にもとづく学習を「素直」に受け入れる児童・生徒の評価が、記述式であっても「良好」としてあつかわれることになろう。

『報告』は二〇一八年度からスタートした道徳科の評価にそのまま採用されている。というよりはむしろ、第3章「有識者会議の濫設が意味するもの」でみたように、「専門家会議」の『報告』は、第三者ないし専門家の衣をまとって文科省官僚機構の意思を表現したにすぎないといえよう。

教育行政機関としての役割の逸脱

文科省の責任は基礎教育から高等教育・研究にいたる制度管理にあるはずだ。もちろんこれについても現実の文科省の政策には多々疑問や問題点が所在する。しかし、子どもたちの心の内面に立ち入り評価まで残すことは、教育・研究行政機関の役割を逸脱していよう。旧文部省が「自民党文教局」と揶揄されたのは、一九六〇年代から七〇年代のことだが、基礎教育から高等教育にいたるまで教育行政機関は、政治＝政権の意に忠実であってはならない。文科省のイデオロギー官庁への変容は、日本の過去の歩みを真摯に振り返るならば、あってはならないことである。

第9章　過労死を防げぬ労働行政――なにが問題なのか

日本有数の広告代理店である電通の女性社員が、上司の叱責を受けつつ過酷な長時間労働を強いられ、入社からわずか九ヵ月後の二〇一五年一一月に過労自殺した。一六年九月三〇日に三田労働基準監督署（東京・港区）は労災認定したが、この一連の事態が明るみに出たのは、一六年一〇月も半ばに入ってだ。厚生労働省は世論の猛烈な批判を受けて一一月七日にベテラン労働基準監督官からなる過重労働撲滅特別対策班を電通本社や支社に派遣し、電通社内で長時間労働が蔓延しているかどうか、家宅捜索を実施した。そして、一二月に厚労省は法人としての電通と当時の上司三人を書類送検した。その後、東京地方検察庁は電通を労働基準法違反罪で略式起訴したが、東京簡易裁判所は正式裁判を決定。一七年一〇月六日に、東京簡裁は電通に罰金五〇万円の判決を言い渡した。

電通女性社員の過労自殺のニュースは、たしかに衝撃的であった。しかし、長時間労働、サービス残業、過労死といった言葉がマスコミを賑わせているのは、近年のことではない。〈KAROSHI〉は、すでに国際的に通用する言葉となっている。このスペルのAをOに置き換えると〈KOROSHI〉だ。知り合いの米国ハドソン研究所上級研究員は、このスペルの置き換えをもとに日本の労働行政の怠慢、

電通過労自殺で記者会見を終え，一礼する電通の石井直社長（中央）ら（写真提供　共同通信社）．

人権の無視をきびしく批判する。

実際、厚労省のまとめによれば、二〇一六年度に長時間労働などで精神疾患などを発症し、労災認定を受けた者は過去最多の四九八人であり、このうち八四人（未遂を含む）が過労自殺を図っている。一方で、精神疾患で労災認定を申請した者は一五八六人である。これもまた過去最高だが、申請者の約三分の二は労災認定されていない。また脳・心臓疾患で労災申請したのは八二五人であり、うち労災認定を受けた者は二六〇人だった。このうち過労死と認定されたのは一〇七人だった。

労災認定を申請しながらも拒まれている者も多いし、そもそも過労死の疑いがあっても労災認定を申請していないケースも多々ある。したがって、厚労省の発表は「氷山の一角」を物語っているにすぎない。

この問題はひとり労働行政にかかわるものではなく、政治（政権）のすすめる経済政策、企業さらに労働組合のあり方を問うといわねばならない。それを基本前提として、まずは労働基準行政からみていくことにしよう。

1 「青天井」の労働時間規制

三六協定という「抜け穴」

厚労省のまとめによれば、二〇一六年度に労災認定を受けた者の月平均時間外労働は、一〇〇時間以上が一五八人。このうち一六〇時間以上は五二人であった。いったい、このような過酷な労働が、なぜおこなわれるのだろうか。

日本の労働基準法第三二条は、労働時間の上限を一週四〇時間、一日八時間とさだめている。これを超えて労働者を働かせたならば、雇用主は刑事罰を受けることになる。ところが、労働基準法第三六条は例外規定を設けている。雇用主が労働者の過半数代表と労使協定（三六協定）を結び労働基準監督署に届け出れば労働時間を延長できる。しかも、一九九八年一二月の労働省告示「労働基準法第三十六条第一項の協定で定める労働時間の延長の限度に関する基準」は、「延長限界基準」として一ヵ月四五時間、年間三六〇時間までが望ましいとした。だが、これは「告示」であって法的強制力は存在しない。さらに例外規定（特別条項）があり、「業務が急激に増えたとき」「納期が迫っているとき」といった「特別の事情」があれば、年間六ヵ月まで労働時間に上限を設けなくてもよいとしている。言い方を換えれば、労働時間規制は「青天井」にも等しい。

しかし、これすら守られていない。さきの電通労働基準法違反事件判決によれば、一ヵ月の法定外労働時間に関する労使協定（三六協定）が五〇時間以内としているにもかかわらず、協定内容を一ヵ月三時間半から一九時間二三分超えて働かせたとされた。

日本は国際労働機関（ＩＬＯ）に加盟している。ＩＬＯ第一号条約は数多い労働時間規制の中核をなすものであり、それは一日八時間、週四八時間を基準としている。労働基準法の規定は、一見、これを「順守」するばかりか、よりきびしい規制のようにみえるが、日本はＩＬＯ第一号条約のみならず一八九の条約を一つも批准していない。労働基準法第三六条は戦後経済復興期に例外規定として導入されたものだが、いまだに生き続けている。三六協定による労働時間規制が緩やかどころか「青天井」であることにくわえて、企業別労働組合を組織原則とすることによって、労使一体性の強い労働組合がつくられており、長時間労働の悪弊が払拭されないままだ。

労働基準監督署・労働基準監督官

ＩＬＯ条約を批准し国際的労働規制の基準に合わせるべきことは、またのちに述べる。現行法のもとにおいても、三六協定すら守っていないのは電通のみではない。「サービス残業」という言葉が物語るように一般化しているといっても過言ではない。さらにいえば、三六協定を結ばずに時間外労働を労働者にもとめている事業所も少なくない。

こうした問題状況に対処するための行政機関として労働基準監督署がある。ここに勤務する労働基準監督官は、事業所における労働契約、賃金の支払、最低賃金の順守、労働時間、休息、災害補償などの労働条件を調査し、事業主に是正勧告などの行政指導を実施し、さらに労働基準法違反事件について刑事告発できる司法警察権限を与えられている。

四七都道府県には厚労省の地方機関である労働局が設置されているが、労働基準監督署は労働局のもとに全国で三四三署設けられており、労働基準監督官の総人員は三二四一人（二〇一六年度）である。労働基準監督署は厚労省中央の労働基準局・地方労働局の指揮監督のもとに業務を遂行することになっているが、事案の多様性から労働基準監督署・労働基準監督官の裁量範囲はかなり広いとされている。

労働基準監督署の規模は、当然、設置地点の経済社会条件を反映して異なるが、従来指摘されているのは、事業所総数五六二万二二三八（二〇一六年度総務省統計局経済センサス）に比して労働基準監督官の員数の少なさである。しかし、労働基準監督官の員数をどこまで増員すればよいのかは簡単に答の出る問題ではない。もちろん、絶対的少数では労働基準の「順守」を保たせることはできないが、さりとてかぎりなく増員すれば問題が片付くものでもないし、財政的にも限度がある。問われるのは、労働基準監督署・労働基準監督官の行動様式にあるといえるだろう。

2　労働基準監督官はどのように行動しているか

監督の行動仮説は妥当か

行政学の概念に“Street-level Bureaucracy”がある。もともとはM・リプスキーの著書のタイトルである。同書は一九八〇年の刊であり筆者の知るかぎり現在までに三〇版を重ねている。これをどのように訳すかは議論がある。研究者のなかには「街頭官僚制」と訳す者もいるが、それでは直訳にすぎて意味をなさないだろう。「第一線の職員」とするのが妥当だ。リプスキーは、社会福祉職員、警察官などの第一線の職員を対象として、彼らが人的資源の限定されるなかで、いかなる行動様式をもってクライアントに接し、職務を遂行しているかを分析した。リプスキーの著書は八〇年代から九〇年代に日本の行政学界でも論じられたが、それ以降はさほど目立った動きはない。ただし、労働基準監督官はリプスキーのいう第一線の職員といってよいだろう。

労働基準監督官に関する厚労省のマニュアルは、彼らの職務を臨検（定期監督）、臨検（申告監督）、災害時監督・災害調査、再監督、捜査、調査、集団指導に分類している。職務遂行の中心をなすのは、労働現場に立ち入る定期監督であり申告監督である。さらに、これを出発点とした是正勧告（行政指導）だ。厚労省は臨検（申告監督）と「上品」に記しているが、これは現場が「ラブレター」と呼ぶ「密告」をもとにした監督である。

主流をなす定期監督の対象の選定には、一つの仮説が重要な前提とされているといってよい。つまり、労働組合もきちんと組織されており、社会的にも「優良」企業との評価を得ている事業体は、仮に労働基準や労使協定を順守しない事態が生じても「自己改革」可能である、むしろ監督の力点は、労働組合があるにしてもきわめて弱体であり、企業としても「怪しげ」な事業体におかれるべきだ、とするものだ。いずれのばあいも労働基準監督官が労働基準法違反と認定しても、ただちに刑事告発することは稀である。労働基準監督官は、事業者と協議のうえで改善の方策と期日を示して行政指導（是正勧告）する。これは零細事業所と労働者の生活をまもるためともされている。一面の真理ではあるが、見方を変えれば、労働基準法違反の事態がなくならない土壌でもあろう。

ともあれ、かぎられた人員のもとで与えられた使命を遂行するという観点に立てば、大企業・一流企業なるものを対象外とするのは、「合理的」行動仮説といえなくもない。ただし、「サービス残業」なる言葉の「発祥地」は、日本を代表する「一流銀行」だった。「ブラック企業」と呼ばれる怪しげな企業が存在するのは事実だが、「一流企業」だからといって自浄作用がきちんと働くとはいえない。実際、電通は長時間労働が社内外からいわれていたばかりか、一九九一年に入社二年目の男性社員が過労自殺している。この件について二〇〇〇年に最高裁が労災認定しているが、きびしい定期監督の対象とされてこなかった。また、電通の労働組合も労働基準法の順守にむけて経営者ときびしく交渉してきたわけではない。

電通「事件」を受けて一六年一一月一四日、岡崎淳一・厚生労働審議官（当時）は全国の労働局長を集めた会議で「各事業場に是正勧告をしてきたが、企業そのものが変わっていなかったということは反省すべき課題だ」と述べたと伝えられている。とはいえ、「反省すべき課題」は、労働基準監督署・監督官の右のような行動仮説であり、厚労省中央がそれを是認してきたことにあるのではないか。

専門職としての労働基準監督官

厚生労働省はいうまでもなく内閣統轄下の行政組織だ。政権・政権党が財界に支えられていることは否定できない。だが、そうしたマクロの政治力学で片付けてはなるまい。労働基準監督官は通常の国家公務員試験を経て採用された一般職公務員ではない。別個に労働基準監督官採用試験が実施されている。これは労働基準行政の重要性と専門性を無視できないからだ。

労働基準監督官の採用試験は、文系（A）と理系（B）に分かれているが、労働法制や労働事情にくわえて、それぞれの専門分野の能力を考査する試験となっている。かなりの競争率であり、けっして容易な試験ではない。採用された労働基準監督官は、専門職であって労働基準監督署に基本的に定年まで勤務する。彼らが厚労省本省の労働基準局などに勤務することはない。労働基準監督署の署長は労働基準監督官であることを要件としているから、勤務成績にもよるが労働基準監督官の省内における最高ポジションは労働基準監督署長である。

一方で、労働基準法は地方労働局長もまた労働基準監督官であることを要件としている。ただし、地方労働局長には厚労省本省採用のキャリア官僚（事務官）が、労働基準監督官として発令され就任している。また、近年では東京の一部の労働基準監督署の署長にキャリア官僚が、地方労働局長と同様に労働基準監督官として発令され就任している。このことは労働基準監督官のあいだから「現場を知らない本省人事」として問題視されている。労働基準監督官による臨検（労働現場に立ち入った監督）のあり方には、厚労省中央の意思が強く機能するとされている。この意味では、労働基準監督署ならびに労働基準監督官の「独立性」や「中立性」の強化を目的とする改革が必要といえよう。

とはいえ、組織改革を俟たずとも現行のシステムにおいて労働基準監督署・労働基準監督官には、専門職としての自負と自律的責任があるはずだ。「あつかいやすい」事業所に取り組むのではなく、外部情報を積極的に取得・精査し「日本を代表する企業」「一流企業」の実態にメスを入れ、経営者ならびに労働組合の再考を促すべきなのである。そのように労働基準監督官が行動しても、労働者の命にかかわる問題だけに社会的批判が浴びせられることはない。逆に、労働基準監督官の社会的権威が高まることになろう。

3 政権は過労死に正面からむき合っているか

働き方改革実現会議の「働き方改革実行計画」

安倍晋三政権は二〇一六年九月一六日、首相の私的諮問機関として働き方改革実現会議を設置した。会議のメンバーは首相をはじめとした閣僚九人と有識者として選任された一五人である。「有識者」とはいうが、経団連、日商、中小企業団体中央会といった経営者団体の代表、連合会長、銀行系シンクタンクの代表、ジャーナリスト、大学教授、女優などである［表9-1］。不可思議なことに、長時間労働が引き起こす問題に長年かかわってきた日弁連や日本労働弁護団などの司法関係者や連合以外の労働組合ナショナルセンター代表は、メンバーに選任されていない。安倍政権は長時間労働を抑制しワーク・

表 9-1　働き方改革実現会議　有識者委員

有識者委員
生稲晃子（女優）
岩村正彦（東京大学教授）
大村功作（全国中小企業団体中央会会長）
岡崎瑞穂（オーザック専務取締役）
金丸恭文（フューチャー代表取締役社長）
神津里季生（連合会長）
榊原定征（経団連会長）
白河桃子（相模女子大学客員教授）
新屋和代（りそなホールディングス人材サービス部長）
高橋進（日本総合研究所理事長）
武田洋子（三菱総研チーフエコノミスト）
田中弘樹（イトーヨーカ堂）
樋口美雄（慶應義塾大学教授）
水田勇一郎（東京大学教授）
三村明夫（日本商工会議所会頭）

ライフ・バランスを実現して、消費の活性化を図り少子化にも歯止めをかけるとしたが、そうであるならば有識者メンバーの偏りが問題であることは否めないのではないか。

働き方改革実現会議は、二〇一七年三月二八日に「働き方改革実行計画」（以下、「実行計画」）をまとめ公表した。「働き方改革」の基本的考え方として「日本経済の再生を実現するためには、投資やイノベーションの促進を通じた付加価値生産性の向上と、労働参加率の向上を図ることが必要」としているだけに、実行計画の対象は、「同一労働同一賃金など非正規雇用の処遇改善」、「賃金引上げと労働生産性向上」から「病気の治療と仕事の両立」、「教育環境の整備」、「高齢者の就業促進」、「外国人材の受入れ」といった具合に、きわめて広範である。

こうした実行計画に盛られた個々の事項について、その妥当性や問題点を検討してみることは重要だが、それは本章の対象を逸脱する。以下では実行計画「4　罰則付き時間外労働の上限規制の導入など長時間労働の是正」に考察を限定する。

長時間労働の法制化

働き方改革実現会議の発足時には、電通事件は明るみに出ていなかった。もちろん、長時間労働とそれにともなう疾病などは、いまにはじまるものではないが、これに政権や厚労省が積極的に対応してきたわけではない。この意味では、働き方改革実現会議の当初のアジェンダ（議題）に長時間労働の規制＝過労死の防止がふくまれていたかどうかは定かではないし、第一回会議の首相の挨拶でもふれられていない。だが、電通事件の波紋は広がるばかりであり、実行計画の中心に盛り込まざるをえなかったのだろう。

実行計画は「この二〇年間フルタイム労働者の労働時間はほぼ横ばい。仕事と子育てや介護を無理なく両立させるためには、長時間労働の是正が必要」と、当然のことを述べる。そのうえで「いわゆる三六協定でも超えることができない、罰則付きの時間外労働の限度を具体的に定める法改正」が必要であるとする。つまり、当初より労働基準法第三六条の廃止はアジェンダにもされていない。それどころか、さきに述べた「限界基準」についての告示を法律に「格上げ」し、違反行為に罰則を科すべきだとした。具体的な労働時間の上限規制は、つぎのとおりだ。

（1）週四〇時間を超えて労働可能となる時間外労働の限度を、原則として月四五時間、かつ年三六〇時間とする。

（2）特例として、臨時的な特別の事情がある場合として、労使が合意して労使協定を結ぶ場合においても、上回ることのできない時間外労働時間を年七二〇時間とする。

（3）かつ、年七二〇時間以内において、一時的に事務量が増加する場合について、最低限、上回ることのできない上限として

① 二ヵ月、三ヵ月、四ヵ月、五ヵ月、六ヵ月の平均で、いずれにおいても、休日労働を含んで八〇時間以内

② 単月では、休日労働を含んで一〇〇時間未満

③ 原則を上回る特例の適用は、年六回を上限

（4）労使が上限値までの協定締結を回避する努力が求められる点で合意したことに鑑み、さらに可能な限り労働時間の延長を短くするため、新たな労働基準法に指針を設け、行政官庁は、当該指針に関し、労使等に対し、必要な助言・指導を行えるようにする。

こうした実行計画をどのように考えるべきだろうか。政権の設けた働き方改革実現会議だから政権のいう「成長戦略」に適合した働き方を探ったといってしまえばそれまでなのだが、ここには日本の長時間労働にともなう危険性への認識は、きわめて希薄であるといわなくてはなるまい。旧労働省の告示をあらためて法律化するとは、いったいどういうことか。

しかも、「一時的に事務量が増加する場合」との条件をつけてはいるが——これまでの労働時間延長理由の常套句だが——年七二〇時間以内において単月で労働時間延長の上限を一〇〇時間未満とし、しかもそれが年六回までできるとした。医学上過労死の限界労働時間は月八〇時間とされている。「一〇〇時間未満」ということは、極端にいうと「九九時間五九分」は法的に許されるということだ。しかも、

年六回は「特例の適用」が認められる。一見、きびしい法的規制を課すように見せかけ、特例規定を盛り込むのは「霞が関文学」の得意とするところだが、「特例」がメインストリームとなることで、過労死の悲劇が繰り返されてきたのだ。働き方改革実現会議には、「働かせ方改革」との揶揄が当初より浴びせられてきたが、まさに実行計画は、現状を肯定するどころか、より「悪化」させるものといわざるをえないであろう。

しかも、この実行計画は、経団連と連合が上限値を回避するように努めることで合意したとする。経団連にとっては「特例」の法制化は願ってもないことだろうが、上限値そのものの徹底した見直しをもとめない労働組合ナショナルセンターは、労働者の人間としての権利をどのように考えているのか。過労死問題の病根の深さを物語っていよう。

過労死を無視した「高度プロフェッショナル制度」

働き方改革実行計画は、労働政策審議会のきわめて形式的な審議を経て働き方改革一括法案に盛り込まれた。この法案は、現行労働規制を経済成長を妨げる「岩盤規制」と位置づける、第二次安倍政権が成立以来の「課題」としてきたものである。

右にみた長時間労働についての労働基準法の「改正」にくわえて、働き方改革一括法案には生活と労働のあり方にとって、きわめて重要な制度の導入がふくまれている。一つは「高度プロフェッショナル制度」の導入である。もう一つは裁量労働制の拡大だ。これについては、すでにふれたように、法案審議の途中で裁量労働制（法定された労働分野について労使協定が結ばれるならば、所定の八時間労働がおこなわれたとみなすもの）の方が一般労働よりも労働時間が短いとする政府の説明データが「捏造」であることが判明し、とりあえず法案から削除された。だが、既定の裁量労働への規制はそのままだから、長時間労働＝過労死の危険性はなんら変わらないといわねばならない。

さて、「高度プロフェッショナル制度」である。これはつぎのようなものだ。①年収一〇七五万円以上の高度専門職を対象として、本人同意を条件として労働時間規制から外す。②年間一〇四日以上、かつ四週に四日以上の休日確保を義務づける。③企業は在社時間などの「健康管理時間」を把握し、法定労働時間である週四〇時間を上回る分が月一〇〇時間を超えたならば医師の面接指導を実施する。④終業から始業までの休息時間の確保、健康管理時間の上限設定、二週間連続の休日取得、臨時健康診断のいずれかを義務化する。

「高度プロフェッショナル」に該当するものとしては、金融商品の開発やディーリング、アナリスト、コンサルタント、研究開発などに従事する職が想定されているが、法律は厚生労働省令で指定するとしており、法律本体には規定されていない。逆にいうならば、労働者派遣法にいう「派遣労働」の対象がつぎつぎと拡大されてきたように、政権の意を受けた官僚機構の裁量によって拡大されていくこともありうる。

このことを念頭におきつついうと、高度プロフェッショナル制度は、この構想の浮上時から問題視されてきたように、過労死を助長する制度といわねばならないであろう。労働時間規制から完全に外すということは、時間外勤務手当（残業手当）どころか深夜・休日労働の割増賃金をも企業は支払わなくてよいことになる。高度プロフェッショナル制度の適用者には、年一〇四日以上の休日かつ四週に四日以上の休日を確保することを義務づけているが、極端にいうと四週で四日休めば、残る二四日は二四時間働いても違法とならない。つまり、実質的に休日の確保は「抜け穴」だらけなのだ。さらに、法定労働時間を上回る労働時間が月一〇〇時間を超えたならば、企業は医師の面接指導を適用者に受けさせるとしているが、さきにもふれたように一〇〇時間は、医学的に限界労働時間とされる八〇時間を超えている。「高度プロフェッショナル」という融通無碍な概念自体も問題だが、なぜ過労死問題をまったく無視したような法制度が臆面もなく導入されるのか。政権はもとより労働行政の所管庁である厚労省の行政倫理がきびしく問われているといわねばなるまい。

新自由主義「改革」にピリオドを

働き方改革一括法案は、自民・公明・日本維新の会・希望の党の賛成多数で二〇一八年五月三一日に衆議院本会議を、六月二九日に参議院本会議を通過し成立した。おそらく長時間労働・過労死問題は、より悲劇的な状況を呈していくのではないだろうか。

ところで、高度プロフェッショナル制度をめぐる激論に埋もれたきらいがあるが、派遣労働をめぐる「二〇一八年問題」がある。

一九八五年に制定された労働者派遣法は、当初、対象業務を専門職業務や特別の雇用管理を必要とする業務一六業種にかぎるものだった。ところが、一九九九年の「改正」で対象業務は原則自由化され、例外的に禁止する業務をさだめるネガティブ方式に改められた。さらに二〇〇三年、二〇〇四年と法律の「改正」が続き、専門二六業種については、派遣期間に制限を設けない業種とされた。一般業種についても雇用期間の切れた派遣労働者が派遣先企業に雇用されることを望むならば、派遣先企業は派遣労働者と雇用契約を結ばねばならないとされた。

ところが、二〇一五年九月に「改正」された労働者派遣法は、どの業種で働く人も連続三年までしか従事できないものとした。派遣労働者は三年で雇い止めされるのだ。一方の企業は人を代えれば、派遣労働者を使い続けることができる。雇い止めされた派遣労働者は、正規労働の口がみつからなければ、三年を期間として派遣労働を渡り歩かねばならない。それすら絶対にみつかる保証はない。この改定で誰が利益を得るかは、あらためて指摘するまでもない。この派遣労働の雇い止めが、顕在化するのは二〇一八年だ。この問題は過労死問題とは直接関連しないとの議論もあるだろうが、それは違う。労働者の生活を過酷で貧困な状況に落とし込むことになろう。働き方改革一括法は、一五年の労働者派遣法の「改正」をさらにすすめて、野蛮な新自由主義のるつぼに労働者を投げ込もうとするものであるといってよい。

明らかにもとめられているのは、働き方改革一括法とは逆に労働規制を国際基準に適合させることなのだ。高度プロフェッショナル制度の廃止はもとより労働基準法第三六条を廃止することだ。ＩＬＯ第一号条約を批准し一週の労働時間の上限を例外なく週四八時間とすべきである。そして、一週の労働時間の基本を現行どおり四〇時間とし、残りをどのように労働日に割り当てるかは、労働組合との協議を前提とした事業体の裁量であってよい。さきに労働基準監督官の行動仮説について述べたが、長時間労働規制の上限が繁忙期に月一〇〇時間未満などという「青天井」であるかぎり、彼らの自律的責任に期待するのにも限度がある。労働時間の上限は国際基準にもとづききびしく設定されねばならない。

さらに「ワーク・ライフ・バランス」をいうならば、労働と労働のあいだの休息期間を確保するインターバル規制が法定化されねばならない。インターバル規制は電通事件が大きく報道されるなかで急速に社会的関心となった。EU労働時間指令による勤務間インターバル規制は、二四時間以内につき最低連続一一時間の休息を義務づけるものだ。働き方改革一括法は、さすがに世論の関心を無視できなかったのか、インターバル規制の条文を起こした。だがそれは、事業者の「努力義務」としたにすぎない。

＊　　＊　　＊

労働者の生命と健康を守ってはじめて経済生活は安定する。それができない日本は国際的信用の失墜を招きかねない。それだけに、国際的労働規制の基準に適合する行政にむけて、自律的責任を備えた労働行政機関を必要としているのだ。

第10章　「子どもの貧困」と「子どもの虐待」に透けてみえる行政の病理

「子どもの貧困」「児童虐待」といった言葉を聞かない日がないほど、これらの社会問題がマスコミでクローズアップされている。なにをもって「子どもの貧困」「児童虐待」（以下、法令の引用以外は「子どもの虐待」とする）というのか、それらが相互にどのような関係にあるのか、一義的に定義するのは難しい。だが、アジア太平洋戦争の敗戦直後の絶対的窮乏化状況での子どもの貧困、子どもの虐待とは位相を異にする、「豊かさのなかの貧困」を象徴していることは確かであろう。

政治や行政がこれらの問題にまったく対応していないわけではない。二〇一三年に「子どもの貧困対策の推進に関する法律」が制定された。子どもの生活が生まれ育った環境によって左右されてはならないとして、教育支援や財政支援を講じることが「宣言」されている。また二〇〇〇年には児童虐待防止法が制定されるとともに、二〇一六年の児童福祉法の改正では、市町村による「包括支援」が強調されている。

子どもの貧困や子どもの虐待が、きわめて包括的な問題であるだけに行政の責任ある活動が社会的にもとめられるのだが、一方で対応すべき行政はあまりにも割拠的であるとともに、活動を支える手段のイノベーションができていないのではないか。

1　専門職職員とボランティアの協働

戦後福祉行政改革の基本

「子どもの貧困」「子どもの虐待」にかぎられないが、福祉行政はクライアントの社会的環境、家族の状況、身体的・精神的状況、職業や収入といった属性がきわめて多様であるだけに、それらにきめ細かく対応し、人間としての尊厳を守っていかねばならない。

戦後日本の福祉行政の改革は、ＧＨＱ（連合国軍最高司令官総司令部）によって進められた。公衆衛生・医療・福祉改革を責任者として担ったのは、Ｃ・Ｆ・サムス准将だった。彼は国家の後見的かつ恩恵的福祉行政を脱して、プロフェッショナリズムとボランタリズムの結合を原則として福祉行政を実施するように日本政府に指示した。専門職に相応しい学問的・実践的トレーニングを積んだ職員によって福祉行政が担われるとともに、しかしその独善性を避けるために民間人ボランティアとの協働を説いたのである。

これを受けて福祉行政分野には社会福祉事業法（現・社会福祉法）にもとづく社会福祉主事、児童福祉法にもとづく児童福祉司といった専門職が設けられた。一方で、ボランティア（行政委嘱員）として民生委員・児童委員が法制化された。サムスはＧＨＱ勤務時代の回顧録である『ＤＤＴ革命――占領期の医療政策を回想する』において、日本政府がこの指示にもとづき近代社会扶助概念を理解し、たちまちのうちに二五万人のボランティアとしての民生委員を組織したことに驚き賞賛している。だがサムスは、その「からくり」を知らなかった。民生委員は戦時体制を社会の基底で支えた「方面委員」の名称変更だったのだ。換骨奪胎とはこのことである。

昨今の子どもの貧困や虐待についての議論のなかで厚生労働省そして福祉学者から「早期発見」「地域の大切さ」がいわれる。だが、NPOによる支援活動への期待はあっても、民生委員・児童委員への期待は述べられない。民生委員・児童委員の委嘱は、ほとんどの自治体で町内会・自治会からの推薦をベースにしている。地域有力者であることにくわえて、否、そうだからこそ高齢化が進んでおり、アクティブな活動に限界がある。NPOなどの市民活動が隆盛するならば、あえて民生委員・児童委員の再生を問う必要もないかもしれないが、戦後福祉行政改革の一角が形骸化していることは否めない。

専門性を無視した任用資格

専門職はどうか。市と東京二三区および都道府県には福祉事務所の設置が義務づけられている（町村は任意）。福祉事務所には社会福祉主事なる専門職がおかれている。子どもの虐待問題で児童相談所の意義が厚労省のみならず専門学者から強調される。児童相談所は都道府県、政令指定都市に設置が義務づけられている（人口三〇万以上で児童福祉法の政令で指定する市と東京二三区も設置できる）。児童相談所には児童福祉司なる専門職がおかれている。

児童虐待，630 件対応　虐待だけでなく，非行や育児など子どもに関するさまざまな相談が寄せられる長崎市の児童相談所（写真提供　朝日新聞社）.

ところが、これらの専門職は「任用資格」であって「国家資格」ではない。社会福祉主事の任用資格は、法令に細々と規定されているが、基本的に厚生労働大臣の指定する三四科目（一九九九年度までは三二科目）のうち三科目以上を大学で履修した職員ならば任用資格をもつ。三四科目のなかには社会福祉行政論や地域福祉論、公的扶助論などの社会福祉の専門科目もふくまれているが、法学、民法、行政法、経済政策、社会学などもふくまれている。したがって、法学部や経済学部を卒業し一般行政職として採用された自治体職員ならば、ほぼ誰でも任用資格をもつ。実際にも一般職からの任用がほとんどであり、専門職というには「お寒い」のが実態である。

児童福祉司の任用資格も児童福祉法第一三条第三項に細々とした規定が設けられている。この第一号には、「都道府県知事の指定する児童福祉司若しくは児童福祉施設の職員を養成する学校」などの卒業生という規定があるが、児童福祉司養成校の卒業生などもともと限定されている。一般的ケースは同条同項第五号の「社会福祉主事として二年以上児童福祉事業に従事した者であって、厚生労働大臣が定める講習会の課程を修了した者」を根拠とした社会福祉主事の経験者である。福祉事務所は「生活保護事務所」ではないから、児童福祉業務とのかかわりは当然のごとく生まれる。社会福祉主事の任用が専門能力にもとづくものでないことにくわえて、こうした任用が実態であるとき、児童福祉司もまた専門職とはいい難いのである。

もちろん、こうした専門職の任用システムであるからといって、彼らが職務をただルーティン的に処理していると断定するわけではない。職員の感性や職場の雰囲気にもよるが、さまざまなケースを処理するなかで、福祉行政への理解を深め行政のスキルを磨いていくこともありうる。とはいえ、専門的基礎知識とスキルを大学などにおいて学ぶことの重要性を否定してはならないのだ。民生委員・児童委員の実態もさきにみたとおりである。厚生労働省は福祉行政の第一線で問われるプロフェッショナリズムとボランタリズムの実体化にむけて積極的に対応していかねばなるまい。

2　問われる生活保護行政のあり方

連続線上の「子どもの貧困」と「子どもの虐待」

児童虐待防止法が定義する児童虐待とは、身体的虐待、心理的虐待、性的虐待、ネグレクト（養育の放棄・放任）である。このカテゴリーにもとづく児童相談所への相談件数（全国集計）は、二〇一一年度に五万九九一九件であったが、二〇一三年度に七万三八〇二件、二〇一五年度に一〇万三二八六件、そして二〇一六年度に一二万二五七八件と、わずか五年のあいだに二倍強となっている。問題状況の深刻さをみないわけにはいかないだろう。

児童福祉法は要保護児童を「保護者のない児童又は保護者のみに監護させることが不適当であると認められる児童」と定義している。そして、厚生労働省も福祉学者もこれらの法律上の定義にもとづいて虐待されている子どもの早期発見のために、地域における機関間の連携の重要性や保護者の指導、一時保護施設をふくめ児童養護施設などへの入所とそこでのケアを強調する。これ自体はもちろん重要だが、しかし、子どもたちを「シェルター」に保護すればそれでよいのだろうか。

「子どもの虐待」と一口にいうが、これら四つのカテゴリーの内実や相互の関連は、おそらくかなり複雑であり、四つのカテゴリーに分類できるほど、簡単ではないであろう。身体的虐待を受ければ心理的虐待につながる。実際、集計にかかわっている自治体職員は、「きわめて悩ましいが、あえてどちらの比重が大きいかで判断している」という。

ともあれ、二〇一六年度の全国的統計でみると、身体的虐待二六・〇％、ネグレクト二一・一％、性的虐待一・三％であるのにたいして、心理的虐待が五一・五％と過半を占めている。これらの虐待の行為者は保護者が多いのだが、実母が半数強であり実父は三割強とされている。

虐待の直接的動機や理由もまたミクロにみるならば多岐にわたるが、根底には保護者の経済的困窮があるといってよいのではないか。経済的困窮に陥るならば心の余裕を失い、子どもの存在が疎ましくなり、ネグレクト、心理的虐待、身体的虐待におよぶこともありうる。つまりは、子どもの貧困と子どもの虐待は、問題状況として連続線上にあるといえよう。とするならば、子どもの虐待のケースワークをもとに虐待の発見とケアのネットワークの構築をいう前に、自治体ばかりか厚生労働省が取り組むべき課題があるといわねばなるまい。それは生活保護行政の改革だ。

生活保護はセーフティネットとなっているか

そもそも、誰がつくり出した言葉かは知らないが、「子どもの貧困」とは不可解な言葉だ。子どもは働いて収入を得ているわけではない。子どもの貧困といわれる事象のほとんどは保護者の貧困に端を発していよう。「子どもの貧困」にたいしては子ども食堂、子どもたちの学習支援など市民の活動が各地で展開されている。こうしたボランティアやＮＰＯによる活動は、日本の社会の成熟として評価しておこう。

とはいえ、そのような活動には限界があるからこそ、中央・地方の政府の真剣な取り組みが必要とされるのだ。これまでに述べたように非正規就労の増加や派遣労働者の雇い止めの動きは顕著である。職業紹介のワンストップ化として都道府県と公共職業紹介所（ハローワーク）の情報共有の条件がつくられているのだから、自治体は就労支援などの行政活動を積極的に展開していかねばならない。

しかし、なお生活の困窮を避けられない人びとがいる。そのような状況に陥った人びとのセーフティネットは生活保護だ。ところが、生活保護を受給することが日本国憲法の保障する権利であることへの認識は、残念ながら希薄である。それは受給者側の問題ではなく生活保護を担当している行政側に起因する問題である。これを象徴する事件が二〇一七年に神奈川県小田原市で明らかになった。

小田原市の福祉事務所に勤務し生活保護行政にかかわる職員が、二〇〇七年以来、「生活保護 なめんな」(日本語)や「あえていおう 奴らはカスだ」(英語)と記された揃いのジャンパーを着て執務していたばかりか、受給者の家庭を訪れていた。問題の発覚後、市は謝罪するとともに今後のあり方を検討する有識者会議を設けた。こんな会議の委員を引き受ける有識者の見識もさることながら、わざわざ有識者会議を設けねばならないほど自己改革にむけた行政能力が欠如しているのかといいたくなる。一〇年にもわたって市長、市議会議員、職員は、誰も気づいていなかったのか。そんなことはありえない。市長や幹部職員は、こんな愚行をただちに禁止せねばならないはずである。だが、それがなされなかったということは、生活保護受給者を「蔑視」して当然という認識が蔓延していたということだ。行政機関の側がこのような状況であるかぎり、受給者の側はただただ肩身を縮めて暮らす以外にないし、生活保護は人間として暮らすためのセーフティネットとはなりえない。

ところで、小田原市職員の愚行はきびしく批判されて当然だが、現実の生活保護行政は、こうした行為を胚胎させる要素に満ちていることも事実だ。

地域における所管機関は市および府県(町村部)の福祉事務所であり、実務は社会福祉主事に担われている。ところが、生活保護の最も大きな障壁は「保護の補足性」だ。「民法に定める扶養義務者の扶養及び他の法律に定める扶助は、すべてこの法律による保護に優先して行われるものとする」（生活保護法第四条第二項）とされている。福祉事務所の社会福祉主事は、生活保護の相談・申請者から三親等以内の親族の氏名、住所を聞き出し、その人びとに申請者を扶養する意思があるかどうかを居住自治体の福祉事務所を通じて照会する。生活保護法の二〇一四年七月の「改正」は、この徹底を打ち出している。

生活保護費の受給を権利ではなく「恥辱」（スティグマ）とする観念は、残念ながら依然として強い。相談者・申請者は三親等以内の親族の氏名や住所を問われたとき、自らの状況が親族に知られることを「恥辱」として退出してしまうケースも多い。否、長年にわたって連絡を絶っており本当に知らない者も多い。一九八〇年代以降、これは生活保護費の抑制手段として使われてきた。

こうした抑制手段が強化されるなかで二〇一八年度からは、生活保護費の中心部分である生活扶助費の削減がはじまった。生活保護費は二〇一八年一〇月から三年をかけて段階的に国ベース（国と地方の負担割合は国四分の三、地方四分の一）で年一六〇億円を削減することになった。この中身は食費や光熱費である。こうした生活保護費とりわけ生活扶助費の削減は、受給者の世代構成や地域的違いがあるにせよ、とりわけ都市部の子育て世代の人びとにはきびしい生活を強いることになるといえよう。「子どもの貧困」さらにそこから派生する「子どもの虐待」の重要性をいうならば、行政と政治は保護者の生活保障に積極的に立ちむかっていかねばならないはずだ。そして子ども食堂などを運営している市民たちも、行政のあり方にたいして果敢な発言と行動がもとめられるといえよう。

二〇一五年四月から生活保護法にくわえて生活困窮者自立支援法が施行された。これは福祉事務所だけでなく民間団体も生活困窮者一人ひとりに合った支援プログラムをつくり支えていくというものだ。だが、このプログラムづくりの根幹にあるのは福祉事務所でありケースワーカーだ。この法律はある意味で体の良い生活保護費の削減策といってもよいのではないか。そうならないためにも、生活保護の受給は「恥辱」どころか「権利」であるとする認識を、社会的に共有していかなくてはならない。

3　プロフェッショナリズムと程遠い「子どもの虐待」対策

中核がしっかりしない地域協議会

生活困窮についての根本的見直しがおこなわれない一方で、二〇〇四年に改正された児童虐待防止法は、市町村における要保護児童対策地域協議会の設置をさだめた。子どもの虐待の発見に多様な機関の職員連係が重要なのは論を俟たない。児童相談所の児童福祉司などの職員はもとより、市町村の児童福祉課などの担当課職員、保健所や保健センター職員(保健師)、小中学校教員、地元医師などが連携して虐待されている子どもを発見し、ケアのプログラムをつくり子どもたちさらに保護者に対応すべきことはいうまでもない。そして、本来であるならば、民生委員・児童委員もまた地域の状況を観察し問題発見の役割を担うべきなのだ。

とはいえ、この法定化された地域協議会を機能させるためには、なにが必要とされているだろうか。筆者も参加した研究会で中国地方のある県の職員によれば、児童相談所への子どもの虐待の通報者を分類すると、第一位は警察であるという。犯罪ないしそれに類似の事件を契機としているのだが、この事実は地域協議会の実態を垣間見せているともいえよう。

市町村の要保護児童対策地域協議会の中核に位置づけられているのは、児童相談所の児童福祉司である。彼らは各機関の連絡調整ばかりか要保護とされた子どもの具体的なケアプランの作成や実行を担うとともに、市町村の担当課の指導・援助・助言も役割の一部とされている。だが、すでに述べたように、児童相談所と児童福祉司は、すべての市町村に設置されているわけではない。当然、児童福祉司は児童相談所における日常業務にくわえて複数の市町村の地域協議会を分担することになる。

児童福祉司の専門性もさることながら、員数においてもけっして十分とはいえない。児童福祉司の配置基準は、児童福祉法施行令（政令）第三条で、二〇一六年度から人口四万人につき一人以上（それ以前は人口四万人から一三万人に一人）とされ（二〇一八年度まで経過措置あり）、地方交付税の基準財政需要額で措置されることになっている。だが、これはあくまで配置基準であるから、府県や児童相談所設置自治体が児童福祉司の増員に自主財源を投入してきたわけではない。児童福祉司の専門職としての位置づけと増員が不可欠なのだ。

地域協議会を動かす人材は

要保護児童対策地域協議会のメンバーとして通常くわえられることが多い専門職もまた、児童福祉や家庭・地域福祉の専門家ではない。市町村の地域協議会の所管は児童課（名称は多様）とされるが、そこに勤務しているのは通常は一般職職員であり三年程度の間隔で庁内を異動する。保健所設置市は政令指定都市、中核市、地域保健法の政令で指定された自治体であり、数がかぎられている。これ以外の自治体は都道府県の保健所が所管しているが、都道府県の保健所は「基幹保健所」への機能集約として再編成が二〇年以上にわたって進んでいる。保健所の所在しない市町村は保健センターを設けているところもある。いずれにしても、その業務の中心は母子保健にくわえて、とりわけ超高齢化の進行を反映した高齢者保健である。しかも、就業保健師の総数は、二〇一六年現在で五万一二八〇人であり、このうち市区町村職員二万八五〇九人、都道府県職員一三七五人（非常勤をふくむ）だ（厚生労働省『平成二八年衛生行政報告例（就業医療関係者の概況）』（二〇一七年七月）。したがって、保健師がきめこまかく地域や子どもを見守ることは、実質的にかなり難しい。

小中学校の教員は、たしかに虐待を受けている子どもを発見しやすい立場にある。だが、彼らの勤務実態は多くのマスコミで報道されているように「過酷」であり、手が回らないのが実情といってよい。医師も虐待を発見できる職業だが、あくまで受診を機としてのことであり、彼らが虐待されている子どもの発見のために地域を巡回しているわけではない。そもそも子どもに虐待をくわえる保護者が診療所などに子どもを連れてくることはないとはいわないが、かぎられる。また、虐待を受けている子どもの保護者が生活保護の受給者であったとき、そのようなケースでは生活保護の医療扶助は指定医療機関で受診せねばならず、しかも医療扶助の証明書を窓口に提出せねばならない。これ自体「スティグマ」であって受診の「障壁」となっている。

市町村に地域協議会の設置による子どもの虐待対策をもとめる厚労省には、人的資源の現実がみえているのだろうか。前節の冒頭で述べたように、児童相談所への子どもの虐待相談件数は、一二万件を超えている。「ナイナイヅクシ」の人的資源状況を打開するプログラムのないところで、子どもの虐待に歯止めをかけることはできないのだ。

地域・自治体への「丸投げ」であってはならない

二〇一六年の児童福祉法改正の際に厚労省は、二〇二〇年度末までに子育て世代包括支援センターの全国展開を目指すとした。昨今の厚労省の福祉・保健行政に特徴的なのは、高齢者介護や子育て支援といった問題事象ごとに地域包括支援センターの設立を打ち上げることだ。多様な人的資源のネットワークで対処しようという理念に異を唱えるものではない。しかし、さきの要保護児童対策地域協議会にしても子育て世代包括支援センターにしても、高度の専門能力と実務経験をもつ専門職を核としないところで機能するものではない。

厚労省はこうした地域協議会や包括支援センターの指導・助言に努めるとしている。だが、児童虐待対策や子育て支援が自治体を核として実施されるのは当然として、指導・助言で事は足りるだろうか。解決のためのネットワークの中心となりうる専門職の養成と配置の予算措置を積極的に展開すべきなのだ。それは厚労省にかぎらない。文科省も教員の日常的な負担の軽減、養護教員やカウンセラーなどの増員を図るべきである。こうした行政活動をともなわない指導・助言は、責任ある行政とはいえない。

さらに、児童虐待の発見というが、要保護児童対策地域協議会には生活保護を担当する福祉事務所は姿をあらわさない。繰り返し述べてきたように、子どもの虐待と保護者の経済的困窮は相関している。しかし、生活保護が厚労省社会・援護局の所管であり、児童虐待が雇用均等・児童家庭局の所管とされ、子どもの貧困と子どもの虐待がセクショナリズムで断絶されている。厚労省内はもとより政府全体で組織の割拠性を超えた、まさに「包括的」な政策・事業の展開を真摯に追求すべきなのである。

おわりに——行政の責任と知の責任

1

本書では社会的関心を呼んでいる最近の行政活動の実態や問題点を、一〇編の論考として考察してきた。過労死についてのあれほどの社会的批判を傍目に労働基準を緩和し、労働者の人権を省みない「働き方改革」なるものがありうるのか。道徳科を正規の教科とし多分にイデオロギー色の濃厚な教育を施し理解度を評価することが、公教育で平然とおこなわれてよいのか。そうかと思えば、法科大学院を「新たな法曹教育機関」として大々的にアピールしたにもかかわらず、短期間のうちに「失敗」が誰の眼にも明らかになる。だが、文部科学省は多数の法科大学院を設置認可した自らの責任をいっさい語らない。

これらは本文中で指摘した事柄だが、こうした行政の結果がすべて所管する行政機関の責任とはいわない。行政機構の頂点に位置する執政部の政治指向の所産であるともいえよう。だが、それにしても官僚機構は、たんなる政権の「侍女」ではない。逆に政権は官僚機構を「使い倒して」よいというものではない。

現代行政と政治において官僚機構を必要とするのは、行動における政治的中立性を規範として、蓄積してきた専門的知識と情報を駆使し、社会的公正と平等を基本とした政策・事業案を作成するとともに、政治の決裁・承認を得てそれらを公正に実施する組織的特徴を備えているからである。執政部は所詮、政治家で構成されており、自らの政治指向を具体的な政策・事業として企画する専門知識も技術も備えていない。人びともそこまでの役割を期待していない。執政部と官僚機構のあいだには支配・従属ではなく一定の緊張関係が常に保たれていなくてはならない。

だが、いまやこうした規範論を述べることが気恥ずかしくなるほど、官僚機構の政治的中立性はぐらついている。その結果、行政組織は自ら備える専門的知識・技術・情報を熟慮し行政さらには社会のあり方を判断する余裕を失っていよう。働き方改革一括法案の審議過程において裁量労働制の拡大が焦点とされた。政府は国会に裁量労働制の方が一般労働より労働時間が短いとの説明を繰り返した。だが、このデータは厚生労働省による労働基準監督署の調査結果の「捏造」だったことが判明し、法案から裁量労働制の対象拡大部分は削除された。これなど、政権の意向に配慮しすぎたために政権にたいする緊張関係と自律を失った官僚機構の姿を象徴しているといってよい。

こうした政権（執政部）と官僚機構の関係が行政の活動を歪めているのであり、内閣人事局のあり方、行政機構における政治的任命職と職業行政官との法的区分などをはじめとした改革を必要としていよう。

それが現代日本政治の重要問題であることを、まず指摘しておきたい。

2

しかし、政権交代なきまま長期化かつ強権化する執政部への「従属」だけが、行政の社会的平等や公正・公平感覚を失わせているのだろうか。そうとばかりはいえないであろう。きわめて精巧につくられた官僚機構が、まさに自律的に政策・事業を立案・実施し、日本の近代化を推し進めてきたことは否定できない。「寝食を忘れて働いた」官僚像は、多くの小説やドキュメンタリー作品に描かれてきた。だが、日本の近代化は遥か以前に達成されたばかりか、一時は世界第二位のGDP大国といわれた地位もいまや失われ、政権がいかに「成長戦略」を語ろうとも影が差しこむばかりだ。近代化を至上の目標とした官僚機構は、自らの存在証明を見出し難い状況に陥っている。近代化なる目標を喪失した経済産業省の高級官僚が「官邸官僚」を指向するのは、その具体的あらわれといってよいだろう。

とはいえ、官僚制組織が自らの役割の終焉を宣言し、すすんで解体の道を辿ることはありえない。その有効性はともかく、新たな政策・事業を企画し懸命に存在価値を社会的にアピールし、権限、財源、人の維持を工夫する。本来であれば、一九九〇年代後半から二一世紀初頭にかけて政治的アジェンダとなった地方分権改革で構想されたように、高次の政策機能に純化した簡素な、しかし責任の重い組織へと変容する道があるはずである。だが、それは子細な権限を背景とした、指導・助言・勧告といった非権力的行為にはじまり権力的行為の多くを失うことに通じる。地方分権改革は当然のように、官僚制組織にとって「痛くない程度」で終わらざるをえなかった。

それではいかにして官僚制組織は「賞味期限」の延長を図るのか。そのための装置と手続きを必要としよう。本書の論考のなかで度々言及してきたのは、「有識者会議」である。これは各省レベルだけでなく「執政部の官僚機構」でも多用されている。理由は共通しており、政策構想力の低下を補完し、かつ世論を自らに優位に導こうとするものだ。

最近では「下火」となっているが、かつて行政学・政治学においては審議会論が展開された。法的・行政用語で審議会等と呼ばれる諮問機関が存在する。二〇一八年度現在、一二九の審議会等が国家行政組織法第八条ならびに内閣府設置法第三七条、第五四条を基本に法律ないし政令で設置されている。これら審議会等の機能は一義的ではない。国の基本的政策を議論するものから第三者機関的に係争の調整を図るものもある。

かつての審議会論は、府省におかれた審議会等を「官僚制の隠れ蓑」と評す一方で、「国民の行政参加の場」とも評した。どちらも外形的には妥当であろう。ほとんどの審議会等において「答申」原案は所管する官僚機構が作成しており、審議会の委員が自ら起草の筆を執ることなどまったくの例外ケースである。一方において委員はたしかに「国民」だが、実質は当該行政分野の利益集団の代表が主流を占め、あたかもその色彩を中和させるかのように学者やマスコミ各社の幹部が登用されてきた。今日においてもこうした審議会等の性格は変わっていない。ただし、政策・事業の作成に限定していえば、それらの根拠となる法案作成の前段の利害調整の場といった色彩が強いといえよう。

ところで、これらの審議会等は法律・政令で設置される。しかも、政策・事業案の審議についていいえばコーポラティズム的性格を有し、大規模利益集団の取引と合意調達の場ともなっている。これでは官僚機構の低下する政策構想力を補完するどころか手枷足枷となる。官僚機構からみれば「使い勝手」が悪く機動的でない。しかも設置が法律ないし政令によっているから、いたずらに廃止や新設もできない。こうして審議会は世論の支持を喚起する機能に劣る。

有識者会議は、少し以前のマスコミ用語を使えば私的諮問機関である。首相や各省大臣さらに局長レベルにも設置されてきた。「私的」というが首相や大臣の個人的勉強会ではない。国家行政組織法や内閣府設置法を基本的根拠として法律ないし政令で設置されるのではなく、行政組織の裁量行為である設置要綱などにもとづいて設けられている。したがって、それだけときどきの政策アジェンダに関連づけて機動的に設置できるし、メンバーも官僚機構の意に叶う人物を選任できる。この意に叶うとは、執政部と政治指向を同一とする人物、官僚制組織と利害関係を同一とする人物ばかりではない。官僚機構に使われることを「名誉」あるいは自己のステータスの向上と考える「無邪気なエリート」、さらには官僚機構が「宣伝塔」となりうると判断した人物など多岐におよぶ。

こうした有識者会議がアドホックに設けられ、マスコミを通じて活動が報じられるならば、そこでの「提言」や「報告」は一定の社会的「評価」を得ることができる。それが実現すれば有識者会議を解散すればよい。

有識者会議の「提言」や「報告」もまた、審議会等と同様に会議のメンバーが自由闊達な議論を経て自ら筆を執ったものではない。少なくとも基本的方向や骨子については、事務局である官僚機構から提示される。さきに述べたような性格のメンバーであればなおのこと、「お施主さま」の意向に背いた「提言」「報告」をまとめることはない。

たしかに、目先のことだけを思うならば、官僚制組織は有識者会議を濫設し一定の世論の支持を得つつ政策や事業のイノベーションを果たしうるであろう。そして政策構想力の低下を補完しうるであろう。だが、有識者会議の性格が右のようなものであるかぎり、実は官僚制組織の思考空間をますます狭め、行政活動への社会的不信感を募らせるものであることを、指摘しないわけにはいかないだろう。

3

二〇一五年度から防衛省の「安全保障技術研究推進制度」がスタートした。初年度の一五年度の予算は三億円だったが、一六年度に六億円、一七年度には一一〇億円と、前年度に比べるとなんと二〇倍近い予算が計上された。この「安全保障技術研究推進制度」は、所管する防衛省の外局である防衛装備庁の設定する研究テーマにそった研究計画を公募するものだ。アメリカ軍のみならず防衛省からの研究助成金を得た大学などにおける研究は、これまでにもおこなわれてきたが、一五年度にはじまる防衛装備庁の「安全保障技術研究推進制度」は、あらためて政府として軍学共同研究を推し進めるものであり、学術研究のあり方を問うものとなった。

日本学術会議は、科学と軍事の関係のあり方について長年にわたって議論してこなかったが、一六年五月に「安全保障と学術に関する検討委員会」（委員長・杉田敦・法政大学教授）を発足させた。検討委員会は一七年三月二七日に「軍事的安全保障研究に関する声明」を、四月一三日に付属文書である「報告」を発表した。この「声明」「報告」の論点は多岐にわたるが、とくに強調されたのは、学問研究の自由の確保には、学術研究の自主性・自律性、そして成果の公開性が保障される必要があり、人権・平和・福祉・環境などの普遍的価値に照らして研究の適切性を判断することが、科学者コミュニティの責務としたことだ。したがって、防衛装備庁が「安全保障技術研究推進制度」について「基礎研究」あるいは「民生研究につながる」といおうとも、基礎研究であれば軍事研究にあたらないというものではなく、基礎研究も軍事研究としてとらえるべきこと、軍事研究と民生研究をしっかり区分することが研究者の責務であることが明示された。

防衛装備庁の「安全保障技術研究推進制度」の内実のみならず、大学・研究者のおかれている状況をふくめて軍事と科学（者）のあり方に、最も精力的かつきびしく問題提起してきたのは、物理学者である池内了である。

科学者の軍事研究への取り組みの背景には、科学者の職業倫理であるべき人間と社会の普遍的価値への思考の希薄化がある。それには二一世紀に入り急速にすすんでいる国立大学の法人化をはじめとした学術研究における「選択と集中」、それゆえの研究費や研究者の地位の不安定化が影響していよう。こうした池内了の問題提起は人文社会科学とも共通する。

さきに有識者会議の濫設の理由を行政機関の視点からみたが、有識者会議には大学などの高等研究機関の研究者がくわわっている。彼らは「安全保障技術研究推進制度」に応募する理工系研究者ばかりか人文社会科学系研究者である。否、実態からいえば人文社会科学系研究者の方が多いであろう。有識者会議にくわわったからといって彼らに巨額の研究費が支給されるわけではない。もちろん、有識者会議の委員として「有名」になるならば、政府機関あるいは民間団体からの研究費などで有利な扱いを受けることはあるだろうが……。しかし、こうした差異よりは、政府主導の軍事研究にさほどの躊躇なくくわわる研究者と有識者会議の委員をつぎつぎと引き受ける研究者にみられる学問研究についての姿勢の方が、深刻な問題であるといってよい。

大学などの研究者が行政機関からアドバイスをもとめられたとき、それを一切拒否すべきだなどと「陳腐」なことをいっているのではない。そうではなく有識者会議の委員の依頼があったとき、行政機関がまったくの「白紙」状態で有識者会議に政策の企画をゆだねることはありえないことに気づくべきなのだ。行政機関は一定の方向性を肉づけかつ外部の知恵を取り入れたかに装うために、有識者会議を設けるのだ。それがなんであり、行政機関に協力することがいかなる結果をもたらすのかを、真剣かつ熟慮しなくてはなるまい。「軍事研究と一口に批判するが軍事研究と民生技術はメダルの両面であり民生用に役立たせればよい」、「攻撃用軍事技術にくわわってはならないが専守防衛用の技術は国民を守る」といった議論と、「自己のこれまでの研究が評価された」として無邪気に有識者会議にくわわることのあいだに、どれほどの違いがあるのか。だいたいが、権力の行動にきびしい眼をむけてきた研究者に、有識者会議の「お声」などかからないのだ。

首相サイドが設けた「働き方改革実現会議」には著名な経済学者がくわわっている。道徳教育の評価方法を提言した「道徳教育に係る評価等の在り方に関する専門家会議」は、教育学者が主導している。彼らは現実の労働実態を真摯にみるとき、「働き方」とはどうあるべきかを真剣に考察したのか。道徳教育の評価はたんなる技術論のレベルで済む問題ではない。教育現場をきちんと調査研究してきたならば、政権さらに文科省のいう道徳教育がいかなる意味をもつものであるのか、分からないはずはない。

これらは一例にすぎないのだが、政治や行政を透視する姿勢があるならば、(特定の価値観に立って)世論を喚起する装置ともいえる有識者会議に単純にくわわることはできないはずである。社会科学、自然科学を問わず科学者にもとめられるのは、人権、福祉、公正、公平といった普遍的価値に照らして現実の構造を考察し、問題点を発見することであろう。つまり科学は「誰のためにあるのか」を常に念頭において、政治・行政・経済を分析していくことである。だが、こうした「青臭い」議論は疎ましいものとされ、有識者会議が濫設されそれに簡単に応じていく研究者がふえると、官庁に「使われる」ことを望む研究者もまたふえていく。学術研究はどうあるべきかが忘れられ、政府(政治)と官庁と学術研究の関係は緊張感なき状態に落ち込んでいく。それだけでない。審議会もふくめていいうることだが、研究者は官庁に仕切られ囲い込まれていく。他省の使う研究者は、たとえ共感できるところがあっても「使わない」ことが、一種の役人間のルールともなっている。こうして各省に囲い込まれた研究者(いわゆる「御用学者」）は、官庁の不作為によって社会的問題が発生したとき、緊急事態の対策を考える有識者会議に利用される。実態は官庁の「自作自演」劇であるにもかかわらず、研究者の方からはそのような感性は失われていく。

＊　＊　＊

これまで「行政責任を考える」として、現代日本の行政の問題状況を多角的に考察してきた。最後にいいたいのは、有識者なる学者・研究者の責任である。時代状況は政治や行政への批判精神を失わせているかのようにみえるが、学術研究と行政機関・政治との緊張感なき状況は、もっと大規模に社会的に論じられねばなるまい。そうでないと行政は特定のイデオロギーに偏向する執政部の「下僕」に堕してしまう。それだけではない。本来、政治・行政の問題状況に果敢に挑戦すべき学術研究は衰退し、意識的か無意識のうちにかはともかく、これまた政治（執政部）の「下部」と化してしまう。主権構造や政治制度は異なるとはいえ、「過去」を繰り返してはならないのだ。

あとがき

二〇一二年一二月の衆議院議員総選挙の結果、自由民主党は公明党とともに政権の座に返り咲き、安倍晋三を首班とした政権が再び登場した。これにはえらく落胆した。というのも、この政治家の過去の言動をみるならば、中道右派的な伝統的自民党政治は、完全に否定されると感じたからだ。経済的格差の広がるなかで、市井の言葉を使うならば「寄らば大樹の陰」といってよいのだろうが、「強い権力」への指向が社会的に台頭していた。それはすでに大阪市政・府政にあらわれていた。この意味でいえば、第二次安倍晋三政権のスタートは時代の雰囲気に「適合」していたのかもしれない。しかし、これほどの長期政権になるとは、誰も予測していなかったのではないだろうか。

安倍政権は、「日本再興」「一億総活躍社会」「女性が輝く社会」「地方創生」「働き方改革」といったキャッチコピーをつぎつぎと掲げて、五〇%近い内閣支持率を獲得して今日に至っている。だが、この政権の果たしたものは、これらのキャッチコピーとは裏腹に、特定秘密保護法、集団的自衛権の行使を核心とした安保法制、共謀罪の新設を目玉とする組織犯罪防止法の制定といったように、猛々しい法・政治体制の整備であり、さらには日本国憲法第九条の「改正」が追求されている。そして、主として内政にむけた右のキャッチコピーは、その実、新自由主義＝市場原理主義へ傾斜した政策の追求であることが、次第に明らかになっていった。

ところで、政権の政治・政策指向が官僚制の集団作業としての行政に反映されるのは、当然という考えもあろう。だが、それを「当然」といって済ますことはできまい。政権と官僚機構の関係は、すでに二〇年近くにわたって、政治の世界だけでなく学問上のアジェンダ（議題）とされてきた。全体的状況としていえば、官僚制組織に依存した政治ではなく、政治（政権）が大所高所から的確な判断にもとづいて政策の基本方向を示す、政治主導の政治が必要という認識が共有されていよう。だが、この大規模社会を統御していくためには、専門的知識と技術をもつ職業行政官からなる官僚制組織の存在を欠くことはできない。

政治（政権）と官僚機構の関係は、現実政治のなかで一義的に論じるのは難しい。だが、官僚機構は政権の意に、さらにはそれを「忖度」して諾諾と従うのではなく、社会的公正や公平・平等といった価値を、政策や事業の立案や実施過程で追求していかねばならない。逆に政権は、豊富な知識・技術・情報をもとに行政権限を行使する官僚機構を、使い倒してよいというものではない。ところが、ここ数年の日本の行政をみていると、政権と官僚機構の、こうした意味での緊張関係は失われ、政策や事業から社会的公正や公平といった価値が薄れてしまっているように感じる。

本書は、「行政責任」という多分に観察者の価値観が入り込む概念をキーワードとして、主として第二次安倍政権下で展開されてきた行政活動を考察したものである。本書のもとになっているのは、東京大学出版会の『UP』誌二〇一六年二月号から二〇一七年一一月号まで、「行政責任を考える」とのシリーズ名のもとに八回にわたって連載した論考である。ただし、それらは一回あたりの誌面の制約と、どうしてもその時々のトピックスや重大ニュースに左右され、意を尽くしていないところもあり、また体系を欠いている。

そこで、本書の出版にあたって『UP』の論考を、「第Ⅰ部　官僚制組織の自律とはなんだろう」、「第Ⅱ部　政策の公共性と行政の責任」、「第Ⅲ部　市民の尊厳と行政の責任」の三部に再構成し、それぞれ加筆するとともに、新たに二つの章（第5章と第6章）を起こした。

安倍政権の政治運営には、多くの疑問が投げかけられている。この「あとがき」を書いている時点でも、連日、単純労働に従事する外国人労働者を大量に導入するために出入国管理法を「改正」し、新たな在留資格を設けることをめぐって、激論が交わされている。「労働力を呼んだが、やってきたのは人間だった」とは、スイスの詩人マックス・ブリッシュの言葉だ。安倍政治の六年をみるならば、彼・彼女たちとの共生の道が真摯に追求されてきただろうか。

政権の政治的性格や支持基盤をみることは、政治の考察にとって欠かせないが、政権の下の行政活動を考察することで、より一層、政治の内実が明らかになるであろう。その意味で、現代日本の政治と行政を考えるテキストとして、本書を活用していただけるならば幸いである。

最後に、『UP』連載時に始まり、本書の構成と編集にあたって、多くの有益なアドバイスをいただいた東京大学出版会編集部の斉藤美潮さんに、お礼を申し上げる次第です。

二〇一八年一二月一〇日

新藤 宗幸

参考文献

第1章
日本政治学会編『年報政治学一九九五　現代日本政官関係の形成過程』岩波書店、一九九五年
牧原出『「安倍一強」の謎』朝日新書、二〇一六年
朝日新聞取材班『権力の「背信」――「森友・加計学園問題」スクープの現場』朝日新聞出版、二〇一八年
新藤宗幸『政治主導――官僚制を問いなおす』ちくま新書、二〇一二年

第2章
伊藤大一『現代日本官僚制の分析』東京大学出版会、一九八〇年
新藤宗幸『講義　現代日本の行政』東京大学出版会、二〇〇一年

第3章
郡司篤晃『安全という幻想――エイズ騒動から学ぶ』聖学院大学出版会、二〇一五年

保坂渉『厚生省ＡＩＤＳファイル』岩波書店、一九九七年
新藤宗幸『技術官僚――その権力と病理』岩波新書、二〇〇二年

第４章

安倍晴彦『犬になれなかった裁判官――司法官僚統制に抗して三六年』日本放送出版協会、二〇〇一年
小林正啓『こんな日弁連に誰がした？』平凡社新書、二〇一〇年
重田園江「大学改革における統治性―官僚制と市場のレトリック」福井憲彦編『対立する国家と学問――危機に立ち向かう人文社会科学』勉誠出版、二〇一八年
新藤宗幸「ロースクール構想への疑念」『論座』二〇〇一年五月号
新藤宗幸『司法官僚――裁判所の権力者たち』岩波新書、二〇〇九年

第５章

勝田忠弘「福島事故五年後の原子力安全規制――現状と将来の課題」『科学』二〇一六年七月号
原子力資料情報室編『日本の原子力六〇年　トピックス32』原子力資料情報室、二〇一四年
城山英明・菅原慎悦・土屋智子・寿楽浩太「事故後の原子力発電技術ガバナンス」城山英明編『福島原発事故と複合リスク・ガバナンス』大震災に学ぶ社会科学　第３巻、東洋経済新報社、二〇一五年
新藤宗幸『原子力規制委員会――独立・中立という幻想』岩波新書、二〇一七年

第６章

山下祐介『地方消滅の罠――「増田レポート」と人口減少社会の正体』ちくま新書、二〇一四年
山下祐介・金井利之『地方創生の正体――なぜ地域政策は失敗するのか』ちくま新書、二〇一五年
分権型政策制度研究センター『持続可能な地域社会と住民自治に関する研究』分権型政策制度研究センター、二〇一六年

第7章

吉田千亜『ルポ　母子避難――消されゆく原発事故被害者』岩波新書、二〇一六年
日野行介『福島原発事故　被災者支援政策の欺瞞』岩波新書、二〇一四年
塩崎賢明編『住宅政策の再生――豊かな居住をめざして』日本経済評論社、二〇〇六年
久保園洋一「公営住宅による住宅セーフティネット――現状とこれから」『都市問題』二〇一六年九月号

第8章

新藤宗幸『教育委員会――何が問題か』岩波新書、二〇一三年
新藤宗幸『「主権者教育」を問う』岩波ブックレット、二〇一六年

第9章

佐藤厚・連合総合生活開発研究所編『仕事と暮らし　10年の変化――連合総研・勤労者短観でみる2007～2016年』コンポーズ・ユニ、二〇一七年

第10章

C・F・サムス（竹前栄治編訳）『DDT革命――占領期の医療福祉政策を回想する』岩波書店、一九八六年
新藤宗幸『福祉行政と官僚制』岩波書店、一九九六年
宮本太郎『共生保障――〈支え合い〉の戦略』岩波新書、二〇一七年

おわりに

池内了『科学者と軍事研究』岩波新書、二〇一七年
池内了「岐路に立つ日本の大学と科学」福井編、前掲『対立する国家と学問』
新藤宗幸、前掲『講義　現代日本の行政』

著者略歴

1946年　神奈川県生れ．
1972年　中央大学大学院法学研究科修士課程修了．
立教大学法学部教授，千葉大学法経学部教授，
公益財団法人後藤・安田記念東京都市研究所
理事長などを歴任．
現　在　千葉大学名誉教授．

主要著書

『福祉行政と官僚制』（岩波書店，1996年）
『講義 現代日本の行政』（東京大学出版会，2001年）
『技術官僚』（岩波新書，2002年）
『概説 日本の地方自治　第2版』（共著，東京大学出版会，2006年）
『財政投融資』（東京大学出版会，2006年）
『司法官僚』（岩波新書，2009年）
『現代日本政治入門』（共著，東京大学出版会，2016年）
『原子力規制委員会』（岩波新書，2017年）

行政責任を考える

2019年2月20日　初　版

［検印廃止］

著　者　新藤宗幸（しんどうむねゆき）

発行所　一般財団法人　東京大学出版会

代表者　吉見俊哉

153-0041 東京都目黒区駒場 4-5-29
http://www.utp.or.jp/
電話 03-6407-1069　Fax 03-6407-1991
振替 00160-6-59964

印刷所　株式会社三陽社
製本所　牧製本印刷株式会社

ISBN 978-4-13-033109-8　Printed in Japan